Valentin Braitenberg

Künstliche Wesen

Valentin Braitenberg

Künstliche Wesen

Verhalten kybernetischer Vehikel

Aus dem Englischen übersetzt
von Dagmar Frank und Valentin Braitenberg

Friedr. Vieweg & Sohn   Braunschweig / Wiesbaden

CIP-Kurztitelaufnahme der Deutschen Bibliothek

Braitenberg, Valentin:
Künstliche Wesen: Verhalten kybernet. Vehikel /
Valentin Braitenberg. Aus d. Engl. übers. von
Dagmar Frank u. Valentin Braitenberg. —
Braunschweig; Wiesbaden: Vieweg, 1986.
    Einheitssacht.: Vehicles (dt.)

Die amerikanische Originalausgabe
Valentin Braitenberg, Vehicles. Experiments in Synthetic Psychology,
erschien bei MIT Press, Cambridge, Mass. 1984

Aus dem Englischen übersetzt von
Dagmar Frank und Valentin Braitenberg, Tübingen

1986

Satz: Vieweg, Braunschweig

ISBN-13: 978-3-528-08949-8   e-ISBN-13: 978-3-322-85840-5
DOI: 10.1007/978-3-322-85840-5

Dieses Buch ist denen gewidmet, die
Schwierigkeiten haben, das Psychische
bei ihren Mitmenschen — und erst recht
bei sich selbst — mit ihrer Naturbetrachtung
in Einklang zu bringen.

Dank

Ein Buch entsteht aus einer Stimmung, und die Stimmung wird getragen von all den Leuten, mit denen der Autor freundschaftlichen Kontakt hat. Ich bin den Freunden besonders verbunden, die ich mit verschiedenen Versionen meines Manuskripts belästigt habe: Dr. Almut Schütz, Priv.-Doz. Dr. Günther Palm und Dr. Ad Aersten in Tübingen, Prof. Dr. Martin Heisenberg in Würzburg, Prof. Peter Johannesma in Nijmegen, Prof. Larry Stark in Berkeley, Prof. Michael Arbib in Amherst/Mass., Prof. Paolo Bozzi in Triest und Prof. Stefano Crespi-Reghizzi in Mailand. Mein ganz besonderer Dank geht an die Damen, die sich mit der Herstellung eines konkreten, vorzeigbaren Textes viel Mühe gemacht haben: Frau Gabriele Janca, Frau Monika Dortenmann und, für diese deutsche Übersetzung überwiegend, Frau Shirley Würth.

Zwei kluge Zeichnerinnen, Meisterinnen im Weglassen, haben mir sehr geholfen: Frau Ladina Ribi in Chur und Frau Claudia Martin-Schubert in Tübingen.

Dem Verlag der amerikanischen Ausgabe, MIT Press, muß extra gedankt werden. Die Herren und Damen dort, allen voran Harry Stanton, haben mich mit Kraft und Schwung dazugebracht, aus einem scherzhaften Essay ein Buch zu machen, das vielleicht auch dem ernsthaft wißbegierigen Leser etwas bringt.

V. B.

Inhaltsverzeichnis

Teil II

Biologische Bemerkungen zu den Vehikeln

Einleitung

Das Problem des Geistes im Geiste zergehen lassen

Kein Zweifel, das Eigentliche am Menschen sieht von innen betrachtet ganz anders aus als von außen. Die subjektive Ansicht der geistigen Dinge ist so merkwürdig (und so einzigartig — ich bin ja nur einer und die anderen sind viele) — daß man sie ganz zu Recht an den Anfang der Physik gestellt hat: Diese wird aufgebaut auf der Grundlage dessen, was wahrgenommen, „beobachtet" wird, also was ins Subjektive dringt. Und doch haftet dieser egozentrischen Anschauung etwas Unfaires an, das man in anderen Bereichen, in der Ethik, in der Wirtschaftslehre, in der Kosmologie, längst abgelehnt hat. Es wäre schön, wenn man sich selbst philosophisch keinen Sonderstatus einräumen wollte, wenn man über sich selbst so reden könnte wie über andere Leute auch. So könnten Mißverständnisse und Beleidigungen vermieden werden. Die Psychologie hat sich von ihren idealistischen Ursprüngen schon ein Stück weit entfernt, hat aus der „Psyche" das „Verhalten" gemacht, für jedermann auf die gleiche Weise objektivierbar, und versucht nicht nur dem Einzelnen unter den Menschen seine Einzigartigkeit abzusprechen, sondern weitgehend auch dem Menschen unter den Tieren, indem sie nachweist, daß manches, was wir oft in schönen Worten vermenschlicht haben, dem entspricht, was man bei Tieren als „Territorialverhalten", als „Hackordnung", als „Fortpflanzungstrieb" beobachten kann. Unterwegs mag der Fortschritt in dieser Richtung auf viele Leute abstoßend wirken. Ich bin überzeugt, daß am Ende daraus ein besseres Menschenbild erwachsen wird — eines, bei dem die hervorragende Rolle des Menschen nicht einfach mit einem Schlagwort abgetan wird, sondern in einer abstrakten, vielleicht sogar mathematischen Formulierung vergeistigt erscheint.

Wir haben in den letzten Jahrzehnten erfahren, daß manches, was den menschlichen Geist auszeichnet: logisches Denken, abstrahieren, Gestalten erkennen, ganz treffend auch in der Funktionsbeschreibung von komplexen Rechenmaschinen auftaucht. Dies wird ebenfalls manchmal als unangenehm empfunden. Ich will versuchen, den Leser in diesen Sprachgebrauch einzuführen, in der Überzeugung, daß ihm auch das in seinem Denken über den Menschen nützen wird.

Hauptamtlich beschäftige ich mich seit Jahren mit gewissen Strukturen im Inneren tierischer Gehirne, die, wegen ihrer Überschaubarkeit oder auch wegen ihres periodischen Aufbaus so aussehen, als wären sie Teil einer Rechenanlage. Was dabei herauskommt, ist zum großen Teil nur für die interessant, die sich mit ähnlichen Dingen beschäftigen. Und doch passiert es mir manchmal beim Zählen von Fasern in den Sehganglien einer Fliege oder von Synapsen in der Gehirnrinde einer Maus, daß ich empfinde, wie in mir sich ein Knoten löst, eine Unterscheidung verblaßt, eine Schwierigkeit verschwindet, die mir früher unüberwindlich erschienen war, als ich vor Jahren meine ersten philosophischen Gedanken über das Wesen des Geistes versucht hatte. Diese Läuterung habe ich immer wieder als sehr angenehm empfunden. Mit dem Text, den ich Ihnen vorlege, möchte ich Ihnen etwas von diesen Erfahrungen vermitteln, wenn Sie bereit sind, mich auf einem Spaziergang durch eine Spielzeugwelt zu begleiten, die wir selbst miteinander erfinden werden und in der manches aufscheint, was ich im Lauf der Jahre an den Gehirnen gelernt habe.

Es wird von Maschinen sehr einfacher Bauart die Rede sein, so einfach, daß sie vom Standpunkt der mechanischen oder elektronischen Technik kaum als sehr aufregend empfunden werden können. Das Interessante an den Spielautos oder „Vehikeln" entsteht erst, wenn wir sie mit denselben Augen betrachten, mit denen wir einen Stall lebendiger Tiere betrachten würden: wenn wir sie sozusagen als Wesen begreifen.

Wir werden dann in Versuchung geraten, ihr Verhalten mit psychologischen Ausdrücken zu beschreiben. Und doch wissen wir von vornherein, daß nichts in diesen künstlichen Wesen steckt, was wir nicht selbst in sie eingebaut haben. Dies wird ein lehrreiches Spiel sein.

Unsere Vehikel kann man sich als eine Art Unterseeboote vorstellen, die sich mit Hilfe von Propellern oder Rudern fortbewegen. Oder, wenn man will, kann man sie irgendwo zwischen den Galaxien ansiedeln, mit Raketenantrieb und weit genug von anderen Himmelskörpern entfernt, um nicht deren Schwerkraft zu unterliegen. Man darf dabei allerdings nicht vergessen, daß Raketen Masse ausstoßen müssen, um zu funktionieren, und das erfordert gelegentliches Auffüllen der Treibstoffreservoire, was zwischen den Galaxien zu einem echten Problem werden könnte. Da kommt man eher auf die Idee, die Vehikel sich durch eine gepflegte Landschaft bewegen zu lassen, wo sie bequem mit Rädern fahren können und leicht pflanzlichen oder anderen Treibstoff für ihre Motoren finden. Tatsächlich werden Sie feststellen, daß man beim Lesen der ersten Kapitel vielleicht an Vehikel denkt, die in einem Gewässer herumschwimmen, während später das Verhalten der Vehikel eher so aussieht, als handelte es sich um Wägelchen, die sich in einer Landschaft bewegen. Das ist kein Zufall, wenn die Entwicklung der Wesen von Nummer 1 bis Nummer 14 gewissermaßen die Entwicklung tierischer Arten widerspiegelt.

Wie Sie sich diese Fahrzeuge vorstellen, ist gleichgültig. Sie sollten sich an eine Denkweise gewöhnen, bei der die materielle Ausführung einer Idee viel weniger bedeutet als die Idee selbst. Norbert Wiener hat dem in der Formulierung des Titels zu seinem berühmten Buch Ausdruck gegeben: „Kybernetik — Steuerung und Information in Tieren und in Maschinen".

Teil I
Vehikel

Wesen 1
Streunen

Wesen 1 ist ein Vehikel, das mit einem Sensor und einem Motor ausgestattet ist (Abb. 1). Die Beziehung zwischen beiden ist sehr einfach: je ausgeprägter die Eigenschaft, auf die der Sensor reagiert, desto schneller läuft der Motor. Nehmen wir als erregende Eigenschaft die Temperatur und lassen die vom Motor ausgeübte Kraft genau proportional zur absoluten Temperatur steigen: Das Vehikel wird sich, wo immer es sich befindet, in die Richtung bewegen, in die es gerade zeigt (die absolute Temperatur ist nirgends gleich Null). Es wird seine Fahrt in kalten Gegenden verlangsamen und in wärmeren Gegenden schneller werden.

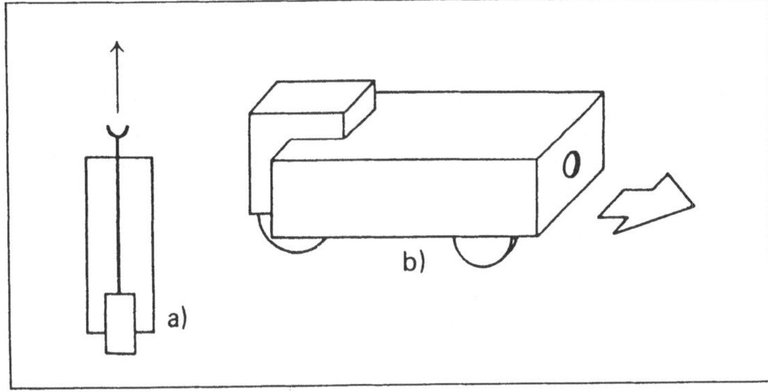

Abb. 1a: Wesen 1, das einfachste Vehikel. Die Geschwindigkeit des Motors (rechteckiger Kasten am Hinterende) wird über einen Sensor geregelt (Halbkreis auf einem Stiel am Vorderende). Dem Pfeil entsprechend ist die Bewegung immer nach vorne gerichtet, außer im Falle von Störungen. **1b:** Das Äußere von Wesen 1.

Damit haben wir ein Stück aristotelischer Physik eingeführt. Wie alle alten Philosophen in der Zeit vor Galileo Galilei
dachte Aristoteles, daß sich die Geschwindigkeit eines sich
fortbewegenden Körpers proportional zu der Kraft verhält, die
ihn antreibt. Das ist in den meisten Fällen richtig, nämlich
immer dann, wenn Reibungskräfte die Bewegung verlangsamen.
Die Reibung bewirkt, daß in Abwesenheit einer Kraft die
Geschwindigkeit 0 wird, daß sie bei geringer Krafteinwirkung
auf einem niedrigen Wert bleibt und bei stärkerer Kraft auf
einem höheren.

Wie wir wissen, trifft dies natürlich nicht auf Himmelskör-
per zu (besonders wenn man keine astronomischen Zeiten bei
ihrer Beobachtung zubringt). Ihre Geschwindigkeit ergibt sich in
komplizierter Weise aus allen Kräften, die je auf sie einwirkten.
Dies ist ein weiterer Grund dafür, daß wir unsere Vehikel im
Wasser oder auf der Erdoberfläche statt im Weltraum herumfah-
ren lassen.

In dieser aristotelischen Welt kann ein Vehikel sogar zur
Ruhe kommen. Das geschieht, wenn es in eine kalte Gegend
gelangt, wo die Kraft, die sein Motor — proportional zur Temperatur — ausübt, kleiner wird als die Reibungskräfte.

Haben wir einmal die Reibung ins Spiel kommen lassen, so
können andere erstaunliche Dinge geschehen. Im Weltraum
würde sich Wesen 1 mit wechselnder Geschwindigkeit auf einem
geraden Kurs bewegen (die Wirkung der Schwerkraft benachbarter Galaxien hebt sich im Mittel auf). Nicht so auf der Erde. Die
Reibung, im Grunde nichts anderes als die Summe vieler mikro-
skopischer Kräfte, die eine für die Analyse im einzelnen allzu
verwirrende Situation ergeben, ist im allgemeinen nicht ganz
symmetrisch. Indem es gegen Reibungskräfte arbeitet, kommt
das Vehikel von seinem Kurs ab. Wenn man es länger beobachtet, so kann man sehen, wie es sich auf einer komplizierten
Bahn bewegt, augenscheinlich ohne gute Gründe bald nach
dieser, bald nach jener Seite abweichend. Ist es sehr klein, so
wird seine Bewegung ziemlich regellos aussehen, ähnlich der
„Brownschen Bewegung", nur mit einem gewissen zusätzlichen
Antrieb.

Stellen Sie sich nun vor, Sie sähen ein solches Wesen in einem Teich herumschwimmen. Sie würden sagen, es ist ruhelos und mag kein warmes Wasser. Es ist aber ziemlich dumm, denn es kann nicht zu der schönen kalten Stelle zurückkehren, wenn es in seiner Unruhe darüber hinausgeschossen ist. Aber auf jeden Fall, würden Sie sagen, LEBT es, da Sie nie ein Stück toter Materie gesehen haben, das sich auf solche Weise umherbewegt.

Wesen 2
Furcht und Aggression

Wesen 2 ist im Prinzip Wesen 1 ähnlich, besitzt jedoch zwei Sensoren, einen auf jeder Seite, und zwei Motoren, einen rechts und einen links (Abb. 2). Wir könnten es als Abkömmling von Wesen 1 betrachten, entstanden durch eine Art unvollständiger Zellteilung: zwei der ursprünglichen Sorte, die nach der Teilung Seite an Seite aneinander haften. Wieder laufen die Motoren desto schneller, je stärker die Sensoren erregt werden.

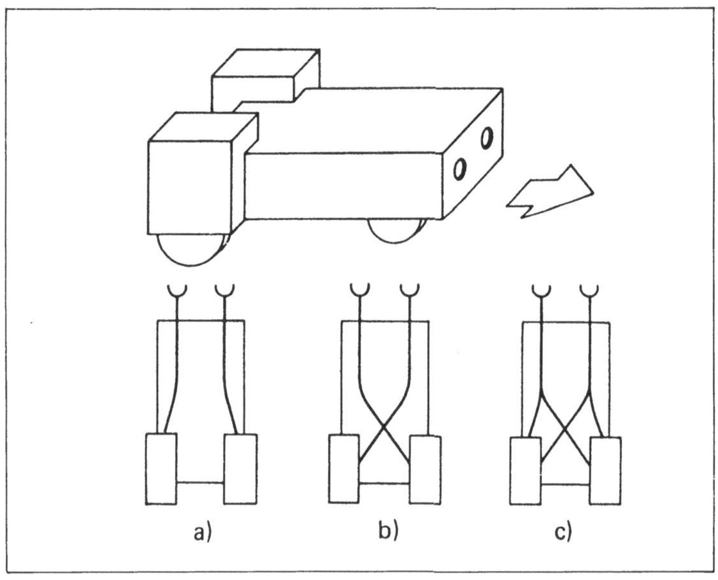

Abb. 2 Wesen 2 mit zwei Motoren und zwei Sensoren, ansonsten wie Wesen 1. Die Verknüpfungen zwischen Motoren und Sensoren sind bei a, b und c unterschiedlich angelegt.

Sicherlich fällt Ihnen sofort auf, daß ich drei verschiedene solche Wesen herstellen kann, je nachdem, ob ich (a) jeden Sensor mit dem Motor derselben Seite verbinde, oder (b) jeden

Sensor mit dem Motor der entgegengesetzten Seite, oder (c) beide Sensoren mit beiden Motoren. Wir können Fall (c) sofort beiseitetun, da er nichts weiter als eine etwas luxuriösere Ausführung von Wesen 1 darstellt. Der Unterschied zwischen (a) und (b) ist jedoch interessant.

Betrachten wir zuerst (a). Es ist wieder ein Vehikel, das mehr Zeit dort zubringt, wo der Stoff, der seine Sensoren erregt, weniger konzentriert ist, wohingegen es bei höherer Konzentration schnell weiterfährt. Wenn die Reizquelle (also Licht im Falle von Lichtsensoren) direkt vor dem Vehikel liegt, wird es auf sie auffahren, sofern es nicht von seinem Kurs abgelenkt wird. Liegt die Reizquelle aber seitlich (Abb. 3), so wird der näher an der Quelle befindliche Sensor stärker erregt als der andere Sensor, der dazugehörige Motor arbeitet kräftiger, und in der Folge dreht das Vehikel von der Quelle ab.

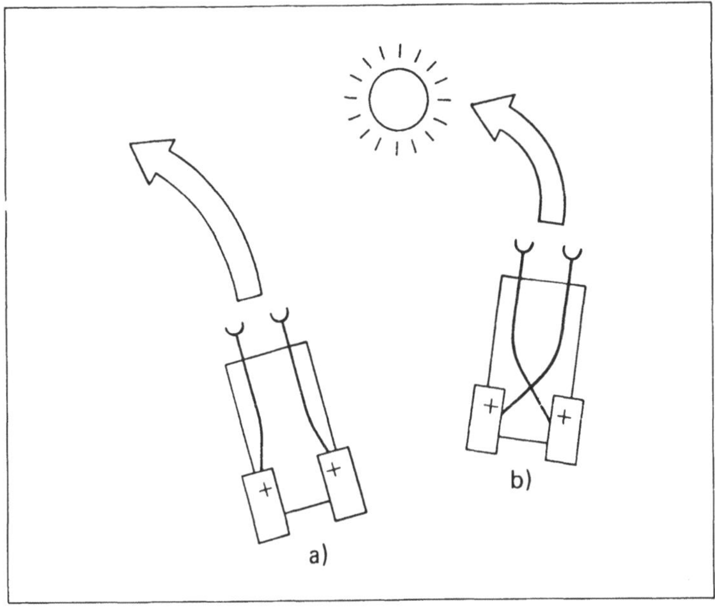

Abb. 3 Die Wesen 2a und 2b in der Nachbarschaft einer Reizquelle (Kreis mit Strahlenkranz). Wesen 2b richtet sich zur Quelle hin, Wesen 2a wendet sich von ihr ab.

Nun wollen wir es mit dem anderen Verschaltungsschema zwischen Sensoren und Motoren versuchen, (b) in Abb. 3. Nichts ändert sich, wenn die Reizquelle genau in der Fahrtrichtung liegt. Befindet sie sich mehr auf einer Seite, so fällt uns ein Unterschied zu dem Wesen 2a auf. Wesen 2b wendet sich zur Quelle hin und fährt auf sie auf. Es gibt kein Entkommen: so lange es sich in der Nachbarschaft der Quelle aufhält, wird es, egal wie es herumirrt und zögert, am Ende auf sie auffahren. Nur in dem unwahrscheinlichen Fall, daß es durch eine starke Störung von seinem Kurs abkommt und genau in die umgekehrte Richtung gedreht wird, von der Reizquelle fort, und keine weiteren Störungen auftreten, könnte es seinem Schicksal entkommen.

Lassen wir die Wesen 2a und 2b eine Weile in ihrer Welt umherfahren und beobachten wir sie. Ihre Eigenschaften sind entgegengesetzt. Beide VERABSCHEUEN Quellen. Aber 2a wird unruhig in ihrer Nähe und versucht, Quellen zu vermeiden; es entflieht, bis es einen sicheren Ort erreicht, wo der Einfluß der Reizquelle kaum noch zu spüren ist. Es ist ein FEIGLING, würden Sie sagen. Nicht so Wesen 2b. In der Nähe von Quellen regt es sich ebenfalls auf, dreht jedoch resolut auf sie zu und rammt sie heftig, als ob es sie zerstören wollte. Es ist ganz offensichtlich AGGRESSIV.

Wesen 3
Liebe

Sowohl die Heftigkeit von Wesen 2b als auch das feige Verhalten seines Kollegen 2a sind Züge, die nicht unbedingt sympathisch wirken. Es ist etwas recht Rohes an einem Wesen, das durch die Dinge, die es schmeckt (oder sieht oder fühlt oder hört), nur erregt werden kann und keine beruhigenden oder entspannenden Reize kennt. Es liegt nahe, eine Art Hemmung zwischen Sensoren und Motoren einzuführen, die den Reizeinfluß von positiv zu negativ umwandelt: Nun verlangsamt sich der Motor, wenn der entsprechende Sensor aktiviert wird. Natürlich können wir wieder zwei Varianten einführen, eine mit direkter und eine mit gekreuzter Verknüpfung von Sensor und Motor (Abb. 4). Beide werden langsamer in Gegenwart eines starken Reizes, und beide laufen schneller, wo der Reiz schwach ist. Sie verbringen folglich mehr Zeit in der Nachbarschaft der Reizquelle als weiter entfernt von ihr. In der unmittelbaren Nähe der Quelle kommen sie zur Ruhe.

Doch hier fällt uns wieder ein Unterschied zwischen dem Vehikel mit direkten und dem mit gekreuzten Verbindungen auf. Nähert sich ersteres der Quelle (Abb. 4a), dann richtet es sich zu ihr hin, da bei schrägem Kurs der Sensor, der näher zur Reizquelle liegt, den Motor auf derselben Seite mehr als den gegenüberliegenden verlangsamen wird und damit eine Drehung zu dieser Seite hin bewirkt. Das Vehikel wird mit dem Vorderteil zur Reizquelle zum Stehen kommen. Das andere Wesen mit den gekreuzten Verbindungen (Abb. 4b) wird aus analogen Gründen mit dem Hinterende zur Reizquelle zum Stehen kommen, und es bleibt vielleicht nicht lange so stehen, da schon eine leichte Störung eine Entfernung von der Quelle verursachen und so die hemmende Wirkung verringern kann, wobei das Vehikel mit zunehmender Entfernung immer mehr Fahrt aufnehmen würde.

Ein solches Verhalten werden Sie ohne Schwierigkeit benennen können; die Wesen mögen die Reizquelle, jedoch in

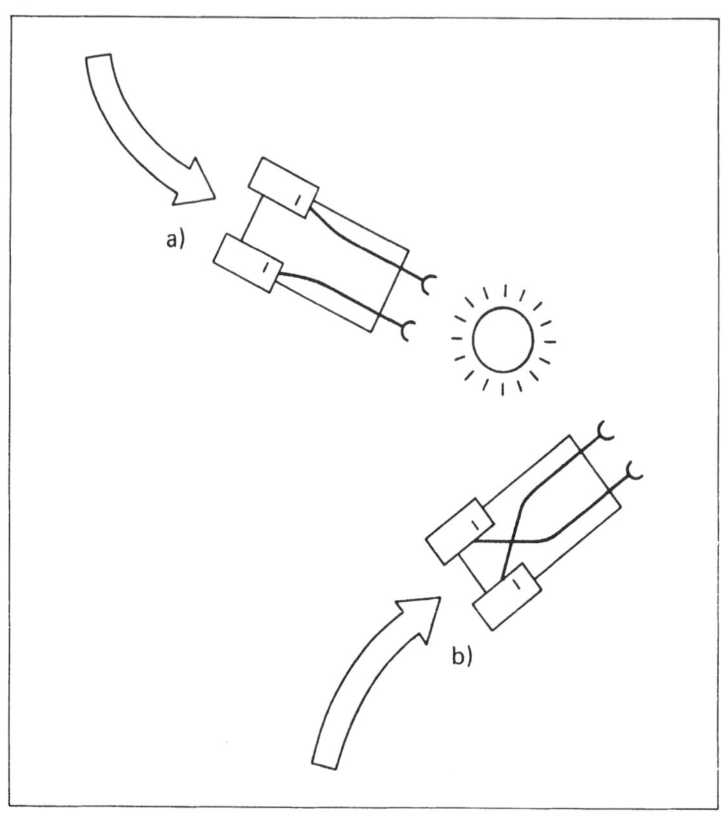

Abb. 4 Wesen 3 mit inhibitorischem Einfluß der Sensoren auf die Motoren. Verschiedenes Verhalten bei gekreuzten (b) und ungekreuzten (a) Verbindungen.

unterschiedlicher Weise. Das Wesen 3 a LIEBT sie beständig und verharrt vom ersten Augenblick an bis in alle Ewigkeit in stiller Bewunderung vor der Quelle. Das andere Wesen, 3 b, ist eine Forschernatur. Es möchte die Quelle wohl in seiner Nähe haben, aber es hält die Augen für andere, vielleicht stärkere Quellen offen, denen es sich unter Umständen zuwenden wird, um eine dauerhaftere und befriedigendere Ruhe zu finden.

Aber dies ist noch nicht die endgültige Ausführung von Wesen 3, denn wir sind nun in der Lage, das ganze Verhaltensrepertoire, das uns bis jetzt zur Verfügung steht, in ihm zu vereinigen. Nennen wir es Wesen 3 c. Wir geben ihm nicht nur ein, sondern vier Sensorenpaare, die auf unterschiedliche Umweltfaktoren abgestimmt sind, wie z. B. Licht, Temperatur, Sauerstoffkonzentration und Gehalt an organischem Material (Abb. 5). Nun verknüpfen wir das erste Paar über ungekreuzte erregende Verbindungen mit den Motoren, das zweite Paar über gekreuzte erregende Verbindungen wie bei Wesen 2 b, das dritte und das vierte Paar mittels hemmender Verknüpfung, gekreuzt bzw. ungekreuzt, wie bei Wesen 3 a und 3 b.

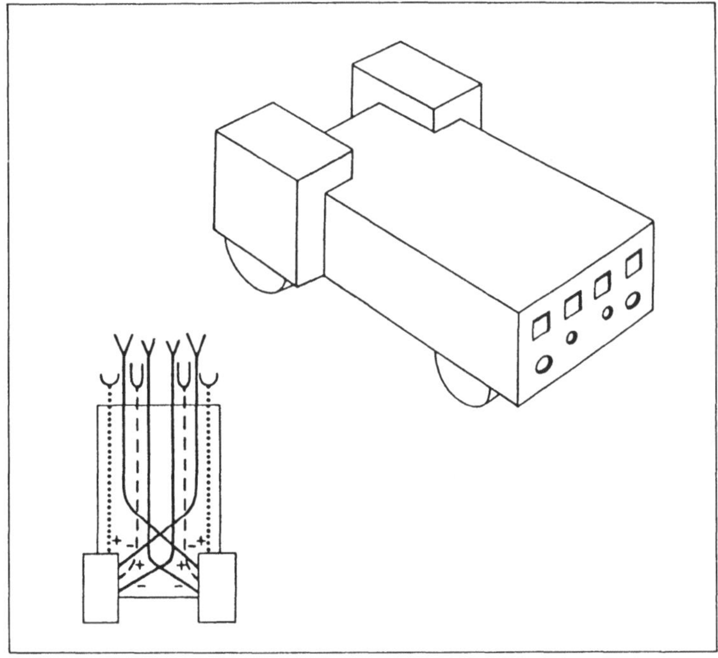

Abb. 5 Ein multisensorisches Vehikel vom Typ 3 c.

Das Verhalten dieses Vehikels ist wirklich interessant. Es hat einen Widerwillen gegen hohe Temperaturen und wendet sich von heißen Stellen ab, zugleich scheint es leuchtende Gegenstände mit noch größerer Leidenschaft abzulehnen, denn es wendet sich ihnen zu und zerstört sie. Auf der anderen Seite scheint es entschieden eine sauerstoffreiche Umgebung zu bevorzugen sowie eine, die viele organische Moleküle enthält, da es sich die meiste Zeit dort aufhält. Es hat aber die Angewohnheit, seinen Standort zu wechseln, sobald der Vorrat an organischem Material und besonders an Sauerstoff abnimmt. Sie müssen zugeben, daß das Wesen 3 c ein System von WERTEN und, warum nicht, WISSEN besitzt: Einige seiner Gewohnheiten, wie die Zerstörung von Glühbirnen, können recht vernünftig aussehen, als ob das Wesen wüßte, daß Glühbirnen die Umgebung aufwärmen und sein Weiterleben infolgedessen dort ungemütlich wird. Es scheint auch so, als wisse es Bescheid über die Möglichkeit, aus Sauerstoff und organischem Material Energie zu gewinnen, da es Stellen bevorzugt, wo diese Substanzen reichlich vorhanden sind.

Aber, werden Sie sagen, das ist doch lächerlich: Wissen bedeutet doch Informationsfluß von der Umgebung zu einem Lebewesen oder wenigstens zu etwas, das einem Lebewesen ähnelt. Hier fand aber keine solche Informationsübermittlung statt. Wir spielten nur mit Sensoren, Motoren und Verknüpfungen; die dabei zufällig aufgetretenen Eigenschaften mögen den Anschein von Wissen haben, sind es aber nicht wirklich. Wir sollten vorsichtig mit solchen Wörtern sein.

Richtig. Wir werden in einem späteren Kapitel (wenn wir über Wesen 6 sprechen) erklären müssen, auf welche Weise Wissen in ein System von Verknüpfungen Eintritt finden kann, und dann noch einmal bei Wesen 7 eine weitere Art der Einführung von Wissen in das System untersuchen. In jedem Fall kann das Wesen, wenn es einmal das Wissen aufgenommen hat, ganz ähnlich wie unsere Wesen 3 c aussehen und sich auch so benehmen.

Unterdessen wollen wir den enormen Reichtum an unterschiedlichen Eigenschaften betrachten, die wir den Wesen vom Typ 3 c verleihen können, indem wir verschiedene Sensoren und verschiedene Kombinationen gekreuzter und ungekreuzter, erregender oder hemmender Verknüpfungen wählen.

Wenn Sie dazu noch die Möglichkeit eines unterschiedlich starken Einflusses der Sensoren auf die Motoren berücksichtigen, so werden Sie sehen, daß sich schier unendlich viele verschiedene Typen ergeben. Das Wesen kümmert sich möglicherweise nicht so sehr um Licht, vielmehr besonders um Temperatur, sein Geschmackssinn für organisches Material kann viel ausgeprägter sein als für Sauerstoff oder umgekehrt. Natürlich können weit mehr als nur vier Paar Sensoren und vier Sinnesqualitäten beteiligt sein: Die Vehikel sind vielleicht mit allen möglichen scharfsinnigen Detektoren für Energie und chemische Stoffe ausgestattet. Aber das diskutieren wir am besten im Zusammenhang mit einer neuen Idee, die wir bei den Wesen des nächsten Kapitels einführen.

Wesen 4
Wertung und Geschmack

Wir sind nun in der Lage, eine neue Sorte von Vehikeln zu erschaffen, indem wir, ausgehend von allen Variationen des Wesens 3, die Art der Verknüpfung zwischen Sensoren und Motoren verändern. Sie war bis jetzt von zwei sehr einfachen Arten: Der Motor lief entweder um so schneller, je stärker der Sensor erregt wurde, oder um so langsamer. Wir kümmerten uns nicht um die genauen Regeln dieser Abhängigkeit, solange sie von der Art „je mehr, desto mehr" oder „je mehr, desto weniger" waren. Die große Klasse mathematischer Funktionen, die solche Abhängigkeiten beschreiben, wird manchmal monoton genannt. Offensichtlich ist etwas recht Primitives an Kreaturen, die von solch unbedingten Zuneigungen oder Abneigungen gelenkt werden, und man erkennt leicht, wie solches je-mehr-desto-besser-Verhalten in die Katastrophe führen kann. Denken Sie z. B. daran, wohin es führt, wenn so ein Vehikel die Neigung hat, sich dem Licht zuzuwenden: Es würde untertags bei schönem Wetter nur immer mit großer Geschwindigkeit die Sonne ansteuern.

Lassen Sie uns deshalb folgende Verbesserung vornehmen. Die Aktivierung eines bestimmten Sensors läßt den zugehörigen Motor schneller laufen, aber nur bis zu einem Punkt, wo die Geschwindigkeit des Motors ein Maximum erreicht. Jenseits dieses Punktes, bei noch stärkerer Aktivierung des Sensors, nimmt die Geschwindigkeit wieder ab (Abb. 6). Eine Abhängigkeit ähnlicher Art, mit maximaler Wirkung bei einem bestimmten Aktivierungsniveau des Sensors, können wir natürlich auch auf inhibitorische (= hemmende) Verknüpfungen von Sensoren und Motoren anwenden. Wir können die maximale Wirksamkeit der verschiedenen Sensoren auf einem beliebigen Niveau festlegen, und wir können sogar mit Abhängigkeiten spielen, die mehr als ein Maximum aufweisen. Jedes Vehikel, das solchen Regeln gehorcht, ordnen wir einer neuen Sorte zu, Wesen 4a genannt. Natürlich können wir einige Verknüpfungen

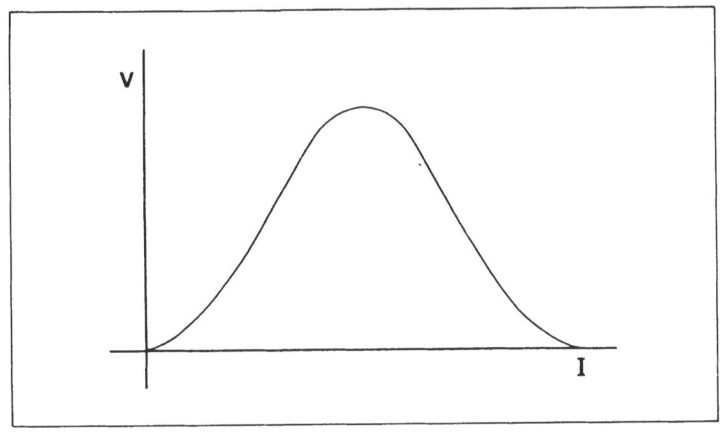

Abb. 6 Nichtlineare Abhängigkeit der Geschwindigkeit des Motors V von der Intensität des Reizes I mit einem Maximum bei einer bestimmten Intensität.

vom alten monotonen Typ beibehalten und sie mit den nicht-monotonen auf jede erdenkliche Art und Weise kombinieren.

Sie werden sich schwertun, sich die ganze Vielfalt des Verhaltens vorzustellen, das Wesen der Sorte 4a an den Tag legen. So ein Vehikel mag Kurs auf eine Reizquelle nehmen (wie Wesen 2a es tun würde) und sich dann, wenn der Reiz stark wird, wieder von ihr abwenden, dann umkehren und sich wieder der Quelle nähern, und so weiter, immer wieder, wobei es eine Bahn in der Form einer Acht beschreiben könnte. Oder es mag in einem gleichbleibenden Abstand um die Reizquelle kreisen wie ein Satellit um die Erde, wobei eine Abweichung zur Quelle hin durch den stärker werdenden Reiz, von der Quelle fort durch den schwächer werdenden Reiz korrigiert wird, jeweils in Abhängigkeit davon, ob die Reizintensität unter- oder oberhalb des Maximums der Sensor-Motor-Aktivierung liegt (Abb. 7). Es könnte eine bestimmte Art von Reizung mögen, aber nicht, wenn sie zu stark ist, eine andere um so mehr, je stärker der Reiz ist, es könnte sich von einem schwachen Geruch abwenden und die Quelle eines starken zerstören, es könnte auch wechselweise einer Geschmacks- und einer Laut-quelle Besuch abstatten und sich bei Temperaturwechsel von beiden abwenden, etc.

Abb. 7 Bahnen, auf denen sich die Wesen der Sorte 4a zwischen den Reizquellen oder um sie herum bewegen.

Wenn Sie einige Vehikel der Sorte 4a in einem Gebiet, auf dem sich mehrere Quellen befinden, eine Weile beobachten, so sind Sie gewiß beeindruckt von den komplizierten Bahnen, auf denen sie sich bewegen. Und ich bin sicher, Sie hielten es für unmöglich, daß ein Beobachter die Motivationen und verzwickten Geschmäcker durchschauen könnte, die dem Verhalten zugrundeliegen. Diese Wesen, so würde jeder sagen, werden von einer Vielzahl von INSTINKTEN geleitet, aber leider wissen wir einfach nicht, wie die Natur Instinkte in ein Stück Gehirn einbaut.

Sie vergessen dabei allerdings, daß wir selbst unsere Vehikel entworfen haben.

Aber Instinkte stellen ohnehin für viele Leute eine niedere Art von Verhalten dar. Wir wollen es besser machen. Wir versuchen uns an Typ 4a, indem wir wieder eine neue Verknüpfungsart zwischen Sensoren und Motoren einführen. Dabei beeinflußt der Sensor den Motor nicht mehr kontinuierlich, sondern mit sprunghaften Übergängen, zum Beispiel zwischen einem Intensitätsbereich des Sinnesreizes, bei dem der Motor überhaupt nicht aktiviert wird, und einem, bei dem ein stärkerer Reiz plötzlich die volle Leistung des Motors bringt. Oder, als andere Möglichkeit, kontinuierliche Änderung der Aktivierung der Motoren in bestimmten Bereichen, und dazwischen abrupte Wechsel. Ein recht lebensechtes Muster wäre dieses: keine Aktivierung bis zu einem Schwellenwert des Reizes, und wachsende Aktivierung oberhalb dieses Wertes, beginnend mit einem bestimmten festgelegten Minimum (Abb. 8). Sie sind bereits erfahren in der Kunst der schöpferischen Erfindung und haben keine Schwierigkeiten, sich andere Beziehungen zwischen Reiz und Reaktion auszudenken.

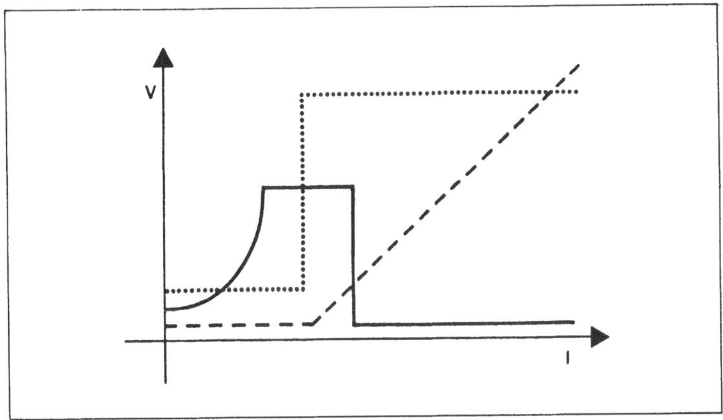

Abb. 8 Verschiedene sonderbare Formen der Abhängigkeit der Motorgeschwindigkeit (Ordinate) von der Reizintensität (Abszisse) bei Vehikel 4b.

In gewisser Weise sind diese neuen Wesen, die wir 4b nennen, schon in der großen Klasse der Wesen 4a enthalten, da abruptes Verhalten natürlich in beliebiger Näherung durch funktionale Abhängigkeiten simuliert werden kann, die, mathematisch gesprochen, kontinuierlich sind. Spielt darüberhinaus Reibung eine Rolle, was wir ja schon angenommen hatten, so sind Schwellen bei der Aktivierung der Motoren die natürliche Folge: Das Vehikel beginnt sich erst dann zu bewegen, wenn die vom Motor ausgeübte Kraft einen bestimmten Wert überschreitet, der ausreicht, um den Anfangswiderstand zu überwinden.

Schwellen — gleichgültig, woher sie kommen — in Verhaltensreaktionen werden jeden Beobachter beeindrucken. Diese Kreaturen, wird er sagen, bedenken ihre ENTSCHEIDUNGEN. Nähert man sich ihnen mit einem Köder, so brauchen sie eine Weile, um in Gang zu kommen, aber wenn sie sich einmal entschlossen haben, können sie rasch handeln. Sie scheinen in der Tat spontan zu handeln: nicht wie die so eindeutig passiven Wesen der niederen Klassen, die mal hier, mal da angelockt werden. Fast wäre man versucht zu sagen: Wo Entscheidungen gefällt werden, da muß ein WILLE sein. Warum nicht? Vielleicht ist dies nicht das schlechteste Kriterium, um die Existenz eines freien Willens zu behaupten.

Wesen 5
Logik

An dieser Stelle sind wir bereit, eine fundamentale Entdeckung zu machen. Wir haben Evidenz gefunden für etwas, was ich das „Gesetz der leichten Synthese und der mühevollen Analyse" nennen möchte. Ich meine folgendes. Es ist vergnüglich und einfach, kleine Maschinen zu erfinden, die bestimmte Fertigkeiten haben, und es ist auch einigermaßen leicht, das gesamte Verhaltensrepertoire dieser Maschinen zu beobachten — selbst wenn es über das hinausgeht, was wir ursprünglich hineingesteckt hatten, wie so oft. Viel schwieriger ist es, von außen anzufangen und zu versuchen, allein von der Beobachtung des Verhaltens her die innere Struktur zu erraten. Es ist sogar theoretisch unmöglich, durch bloßes Beobachten des Verhaltens, ohne das Gehäuse (die „black box") zu öffnen, den verborgenen Mechanismus genau zu bestimmen, da es immer viele verschiedene Mechanismen mit identischem Verhalten gibt. Ganz abgesehen davon ist die Analyse im allgemeinen schwieriger als die Erfindung, und zwar aus dem Grund, aus dem Induktion mehr Zeit braucht als Deduktion: Bei der Induktion muß man den Weg suchen, bei der Deduktion ist er von vornherein gegeben. Eine psychologische Konsequenz daraus: Wenn wir einen Mechanismus analysieren, neigen wir dazu, seine Komplexität zu überschätzen, da bergauf, im Prozeß der Analyse, ein gegebenes Maß von Komplexität unserer geistigen Arbeit mehr Widerstand entgegensetzt, als wenn wir ihm bergab, im Prozeß der Erfindung, begegneten. Wir konnten dies schon feststellen, als der Beobachter von Vehikel 4b mutmaßte, das Wesen denke etwas, bevor es eine Entscheidung trifft; dabei nahm er komplizierte innere Prozesse an, wo in Wirklichkeit nur ein Motor auf ausreichende Aktivierung wartete. Auch einige der bei den Wesen der Sorte 4a beschriebenen Verhaltensmuster lassen zweifellos einen viel komplizierteren Mechanismus vermuten, als in Wirklichkeit in ihnen steckt.

Daran finden wir vielleicht Gefallen und könnten auf die Idee kommen, einfache „Gehirne" für unsere Vehikel zu erfinden, die, wie die Erfahrung zeigt, in der Tat den Scharfsinn auch des verspieltesten Analytikers überfordern. Wir brauchen dazu nur besondere Elemente einzuführen, sogenannte Schwellenelemente, die entweder zwischen Sensoren und Motoren eingeschaltet oder miteinander zu Komplexen verknüpft werden, die ihren Eingang von den Sensoren erhalten und ihrerseits Signale an die Motoren abgeben.

Das einzelne Schwellenelement ist sehr einfach gebaut. Bei einem unterschwelligen Eingangssignal gibt es kein Ausgangssignal ab; bei einem Eingang, der stärker als der Schwellenwert ist, den vollen Ausgang. Wir können auch eine andere Variante verwenden, die ständig ein Ausgangssignal abgibt, außer wenn das Eingangssignal über der Schwelle liegt. Jedes dieser Geräte wird mit einem drehbaren Knopf versehen, mit dem die Schwelle eingestellt werden kann, so daß der Eingang bei einer, zwei oder einer beliebigen Anzahl von Eingangs-Aktivierungseinheiten wirksam wird (das Wort Schwelle bedeutet natürlich, daß bei gegebenem Wert auch jeder Eingang, der stärker ist als der festgelegte Schwellenwert, wirksam wäre).

Neben der Art der Verknüpfung, bei der die Schwellenelemente sich gegenseitig aktivieren, können wir eine weitere Art verwenden, die wir „inhibitorisch" nennen und die der Aktivierung durch andere Quellen entgegenwirkt (Abb. 9).

Um ein Gehirn aus Schwellenelementen aufzubauen, können wir mehrere miteinander verknüpfen, oder viele mit einem, oder eines mit vielen, wie immer wir es haben wollen. Wenn wir Gehirne entwerfen, müssen wir beachten, daß bei diesen Schwellenelementen der Ausgang nicht sofort auf die Aktivierung des Eingangs erfolgt, sondern erst nach einer kurzen Verzögerung, sagen wir, von einer Zehntelsekunde. Während dieser Zeit macht das Ding seine kleine Kalkulation, einen Vergleich der Stärke der Aktivierung mit seinem eigenen Schwellenwert.

Sie können sich sicher ganz gut vorstellen, was ein mit dieser Art Gehirn ausgestattetes Wesen alles leisten kann, aber wenn Sie es in Aktion sehen, werden Sie doch staunen. Es kann stundenlang still dasitzen und sich dann plötzlich in Bewegung

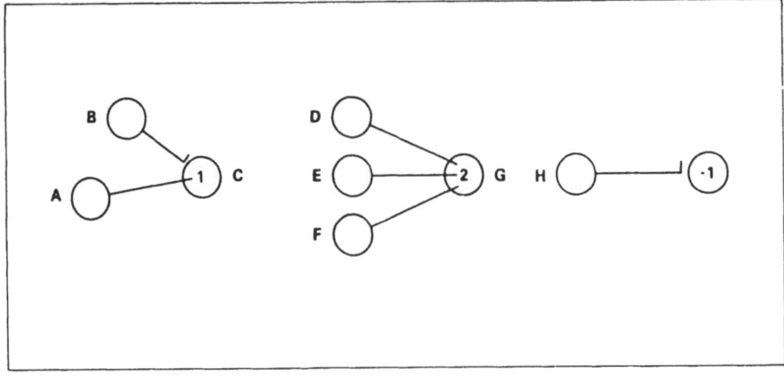

Abb. 9 Wie Schwellenelemente aufeinander einwirken. Erklärung der Symbole: Die Kreise stehen für Schwellenelemente. Die L-förmige Faser zwischen B und C kennzeichnet eine Hemmung, die von A kommende und in C eindringende Faser eine Aktivierung. Jedes aktive Element überträgt eine Aktivierungseinheit auf das Schwellenelement, zu dem es eine aktivierende Verknüpfung schickt. Das Element wird aktiv, wenn die Aktivierung wenigstens den Schwellenwert erreicht, der innerhalb des Kreises angezeigt ist. Eine hemmende Verknüpfung von einem aktiven Element subtrahiert 1 von der Summe aller Aktivierungseinheiten, die dasselbe Zielelement erreichen. Eine negative Schwelle (oder 0-Schwelle) impliziert, daß das Element in Abwesenheit von äußerer Aktivierung aktiv ist. Ein solches Element kann durch entsprechend hohe Hemmung ruhiggestellt werden.

setzen, wenn ein bestimmtes anderes Vehikel auftaucht, das olivgrün ist, einen Ton einer bestimmten Frequenz von sich gibt und nie schneller als 5 cm/s fährt. Da unser Wesen der Sorte 5 an keinem anderen Vehikel außer diesem einen interessiert zu sein scheint, könnten wir auf die Idee kommen, dies sei sein spezieller Freund. Wir würden daraus schließen, daß es etwas wie individuelle Bezeichnungen im Kopf haben muß, EIGENNAMEN, die sich auf ganz bestimmte Objekte beziehen, wie Ferdinand, Calcutta oder Jupiter.

Aber Wesen 5 kann viel mehr als das. Es kann zählen (Abb. 10). Es schließt sich vielleicht nur Gruppen von 4 Vehikeln an, nicht mehr und nicht weniger, als ob es sich zu fünft am wohlsten fühlte. Oder es besucht jede zehnte Quelle, der es auf seinem Weg begegnet, oder es wendet sich von jedem

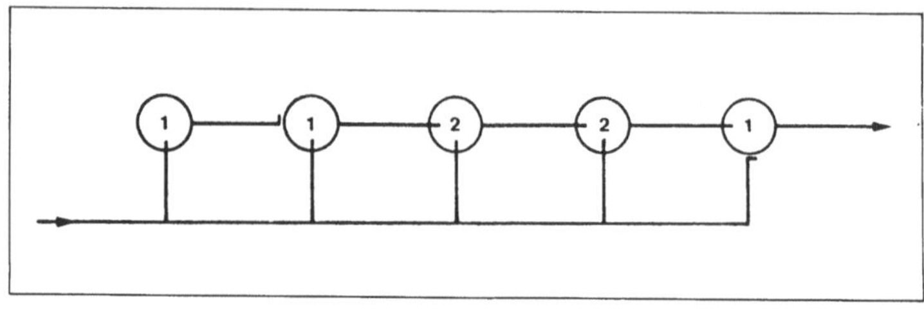

Abb. 10a Ein Netzwerk, das einen Impuls abgibt, wenn zwischen zwei Pausen drei Impulse hintereinander eintreffen.

Vehikel ab, dessen Anzahl Sensoren, egal welcher Art, ein Vielfaches von 7 ergibt, als ob es glaubte, ein solches Vehikel bringe Unglück. Irgendwie scheint es mit ZAHLEN zu operieren (natürlich sind Zahlen auch so etwas wie Eigennamen).

Wenn Sie ein solches Wesen mit einer größeren Anzahl schlau miteinander verknüpfter Schwellenelemente versehen, können sie es auch dazu bringen, eine passable Schachpartie zu spielen. Oder Sie lassen es logische Denkspiele lösen oder Lehrsätze der euklidischen Geometrie beweisen. Sie merken schon, worauf ich hinaus will: Mit genügend vielen Schwellenelementen kann man alles tun, was ein Computer kann, und Computer können bekanntlich fast alles.

Aber wo bleibt das Gedächtnis, fragen nun einige von Ihnen, die sich daran erinnern, daß die meisten Aktivitäten eines Digitalrechners darin bestehen, Daten in einem Gedächtnis zu speichern, sie für eine Berechnung wieder hervorzuholen, das Ergebnis erneut im Gedächtnis zu speichern u. s. w. Die Antwort ist folgende: In einem Netzwerk von Schwellenelementen ist Raum für Gedächtnis vorhanden, wenn es nur groß genug ist. Stellen Sie sich ein Schwellenelement vor, das mit einem Sensor für Rotlicht verbunden ist. Wird es durch das rote Licht aktiviert, so aktiviert es seinerseits ein anderes Schwellenelement, das umgekehrt wieder auf das erste zurück verschaltet ist. Daraus ergibt sich, daß, wenn einmal ein rotes Licht gesichtet wurde, die Aktivität zwischen den beiden für immer hin- und herschaukelt. Legen Sie einen Draht vom Ausgang eines der beiden Schwellenelemente zu einer Klingel: Das Läuten der Klingel signalisiert die Tatsache, daß irgendwann in der Ver-

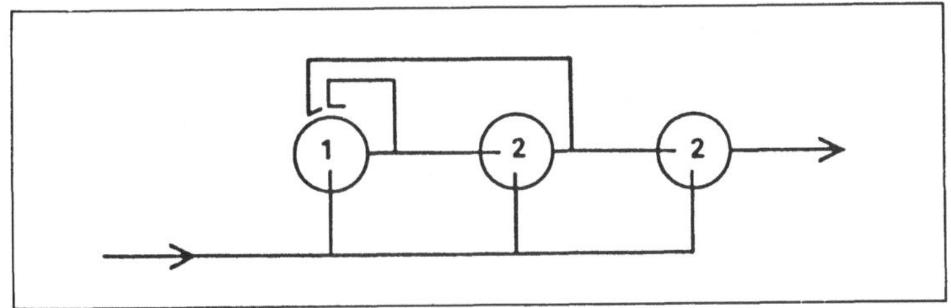

Abb. 10b Ein Netzwerk von Schwellenelementen, das einen Impuls bei jedem dritten Impuls einer Reihe emittiert.

gangenheit dieses besondere Vehikel in die Nähe einer Rotlichtquelle geraten ist. Dies stellt eine elementare Art von GEDÄCHTNIS dar. Es ist unschwer zu begreifen, wie aus solchen elementaren Gedächtnisspeichern, bestehend aus wechselseitig verknüpften Schwellenelementen, größere Speicher zusammengestellt werden können, die es ermöglichen, sehr komplexe Ereignisse im Gedächtnis zu behalten. Die Schwierigkeit ist nur, daß es eine Grenze für die Zahl der auf diese Weise speicherbaren Fakten gibt. Wenn Sie zum Beispiel Zahlen speichern wollen, können Sie in eine Reihe von 10 Gedächtniselementen keine Zahl einbringen, die mehr als zehnstellig ist (im binären Zahlensystem), da jedes Gedächtniselement höchstens eine Stelle aufnehmen kann, indem es nämlich aktiv oder inaktiv ist („ein bit Information").

Unsere Wesen können die vorgegebene Begrenzung ihrer Speicherkapazität mit Hilfe eines schlauen Tricks überwinden. Stellen Sie sich ein Wesen vor, das eine Rechnung mit Zahlen auszuführen hat, die viel größer sind als die Zahl der Teile in seinem Inneren. Man könnte meinen, daß diese Aufgabe auf alle Fälle über das Begriffsvermögen dieses besonderen Wesens hinausgeht. Das muß nicht unbedingt so sein, wenn wir folgende Strategie anwenden. Wir setzen unser Vehikel an einem weiten, sandigen Strand aus. Es kann über den Sand kriechen und Abdrücke hinterlassen, welche die Aufeinanderfolge von Ziffern in den Zahlen anzeigen, wie sie bei seinen Berechnungen auftauchen. Dann kriecht es zurück und folgt dabei seiner eigenen Spur, liest noch einmal die Abdrücke und nimmt sie in die Berechnung der folgenden Stufen wieder auf. Es ist nie in der

Lage, diese großen Zahlen auf einmal ganz zu erfassen. Als Teil eines umfassenden Ganzen, das auch die Umgebung mit einschließt, und zum Teil von ihr gelenkt, findet es jedoch schließlich das korrekte Ergebnis. (Um ganz sicher zu gehen, müssen wir natürlich annehmen, daß die sandige Fläche unbegrenzt ist.) Ein konkretes Beispiel: Denken Sie an ein Vehikel, das die Differenz zwischen zwei großen Zahlen errechnet, die es zwar produzieren, aber nicht begreifen kann. Die Differenz selbst ist klein genug, daß es sie erfassen kann. Es bildet die eine Zahl, indem es Abdrücke auf seinem Weg am Strand entlang hinterläßt, dann bildet es die andere Zahl auf dem Rückweg und mißt zuletzt die Differenz, indem es die Anzahl der Abdrücke zählt, die gegenüber der ersten Zahl fehlen oder über sie hinausgehen.

Später werden wir sehen, wie wir etwas dem Sand in der Außenwelt ganz Analoges ins Gehirn einführen können, das fast genauso unbegrenzt in seiner Speicherkapazität ist.

Wesen 6
Selektion, der unpersönliche Ingenieur

In diesem Kapitel entgleitet uns ein wenig die Kontrolle über die Geschehnisse in den Vehikeln. Sie brauchen das nicht zu bedauern, denn es ist sicher eine gute Idee, dem Zufall bei der weiteren Produktion neuer Varianten von Wesen eine Chance zu geben. Das verschafft uns die Möglichkeit, eine Intelligenzquelle anzuzapfen, die viel mächtiger ist als jeder menschliche Erfindergeist.

Aus der Vehikel-Kollektion, die sich im Laufe unserer Experimente angesammelt hat, wählen wir einige kompliziertere Exemplare aus und stellen sie auf einen großen Tisch. Natürlich befinden sich dort auch ein paar Licht-, Geräusch-, Geruchs- und sonstige Quellen, fixiert oder beweglich, sowie verschiedene markante Formen als Orientierungshilfen einschließlich des Steilabfalls, der den Tischrand anzeigt.

Nun versorgen wir uns mit einem ausreichenden Materialvorrat (Blech, Plastik, Schwellenelemente, Räder, Motoren, Sensoren, Drähte, Schrauben, Bolzen usw.) und stellen neue Vehikel her, indem wir uns einige von den auf dem Tisch umherfahrenden Wesen greifen und sie einfach möglichst getreulich nachbauen. Danach stellen wir die beiden Exemplare, Original und Kopie, auf den Tisch zurück, nehmen uns ein anderes, kopieren es usw. ... Natürlich klauben wir keine Vehikel auf, die auf den Boden gefallen sind, da diese ihr Versagen bei der Bewältigung ihrer Umwelt bereits bewiesen haben. Wir achten darauf, die Vehikel in einem solchen Tempo anzufertigen, daß wir ungefähr die Abfallrate kompensieren, so daß einerseits die Rasse nicht ausstirbt, andererseits der Tisch nicht ungebührlich überhäuft wird.

Beachten Sie, daß wir, während wir dieses Spiel betreiben, keine Zeit haben, das Verhalten der Vehikel zu testen oder die Verschaltung genau zu studieren. Wir brauchen die Logik der herausgegriffenen Vehikel nicht zu verstehen, um sie zu kopieren — und sollten es auch gar nicht. Unsere einzige Aufgabe ist es, in der Kopie die mit dem Muster übereinstimmenden Teile genau wie dort miteinander zu verbinden.

Wenn wir unsere Aufgabe hastig ausführen, kommen wir nicht umhin, gelegentlich Fehler zu machen. Es kann unser Fehler sein, wenn die Kopie eines hervorragend erprobten Vehikels vom Tisch fällt, sobald wir es daraufstellen. Doch andererseits führen wir vielleicht unabsichtlich durch einen Fehler beim Kopieren eine besonders erfolgreiche Variante in das Verknüpfungsmuster ein, so daß unsere Kopie überlebt, während das Original schließlich doch als lebensunfähig ausscheidet.

Ein wichtiger Punkt: Wenn die glücklichen Zufälle für immer weiterleben, haben sie auch eine Vielzahl von Nachkommen, da sie die ganze Zeit auf dem Tisch bleiben, während die weniger glücklichen kommen und gehen; diesen gegenüber haben sie folglich eine viel größere Chance, als Modell für die nächste Generation herausgegriffen zu werden. Gute Ideen, die unwissentlich in die Verschaltung eingeführt werden, sind natürlich extrem unwahrscheinlich, gewinnen auf die Dauer jedoch eine große Verbreitung.

Diese Geschichte ist recht alt und kursiert unter dem Namen Darwinsche Evolution. Viele Leute mögen den Gedanken nicht, daß all die Schönheiten und Wunder der organischen Natur dem simplen Zusammenwirken von Reproduktion, zufälligen Fehlern und Selektion zu verdanken sind. Für uns ist das kein Problem. Wir haben uns davon überzeugt, daß mit Hilfe dieses simplen Tricks aus anorganischer Materie schöne, wunderbar funktionierende Maschinen hergestellt werden können. Mehr noch, wir wissen bereits, daß Analyse viel schwieriger ist als Synthese, und dort, wo gar keine bewußte Erfindung am Werke war — wie im Fall unserer Vehikel der Sorte 6 — wird der Versuch einer Analyse notwendigerweise das Gefühl einer übernatürlichen, geheimnisvollen SCHÖPFERISCHEN Hand erzeugen. Ich kann mir auch vorstellen, daß eine Verhaltensanalyse bei den Wesen der Sorte 6 in den meisten Fällen mißlingen würde: Die Verdrahtung, welche das Verhalten produziert, kann so kompliziert und verwickelt sein, daß wir nie in der Lage sein werden, einen einfachen Schaltplan zu isolieren. Und dennoch funktioniert sie.

Wesen 7
Begriffe

Wir benutzten schon das Wort ‚Wissen‘, als wir die Eigenschaften von Wesen 3 besprachen, wenn auch in einer nicht ganz ernsthaften Weise. Ferner haben wir beobachtet, wie ein Prozeß von der Art der Darwinschen Evolution Wissen auf geheimnisvolle Weise in Maschinen einführen kann, wobei nicht sofort ersichtlich wird, durch welchen Kanal das Wissen (z. B. über die mit einem Steilabfall verbundenen Gefahren) in das „Gehirn" gelangt und in welcher Form es darin aufbewahrt wird. Wir meinten damit in beiden Fällen festes, angeborenes Wissen, das vielleicht richtig oder falsch sein kann, jedoch auf alle Fälle unveränderlich zum Individuum gehört. Solch angeborenes Wissen ist bei einer gegebenen Umgebung sicher sehr wertvoll, kann aber zur Katastrophe führen, wenn sich die Umweltbedingungen ändern. Deshalb sollten wir bei einem kostbaren Vehikel, an dem uns viel gelegen ist, Adaptationsmechanismen einbauen, um es flexibler zu machen. So ist unser Vehikel für neuartige Ereignisse gewappnet und kann eine größere Situationsvielfalt bewältigen und bleibt nicht so sehr auf eine bestimmte Umgebung beschränkt.

Zuerst kaufen wir eine Rolle Spezialdraht, Marke Mnemotrix, der eine interessante Eigenheit aufweist: Sein Widerstand ist anfänglich sehr hoch und bleibt auch hoch, außer wenn die beiden Teile, die er verbindet, gleichzeitig von einem elektrischen Strom durchflossen werden. Geschieht das, so wächst die Leitfähigkeit von Mnemotrix und bleibt eine Zeitlang erhöht, wobei sie nach und nach wieder auf ihren Ausgangswert absinkt.*) Nun fügen wir Stücke von Mnemotrix zwischen alle

---

*) Es stört mich nicht, wenn es die Elektroniker beim Lesen schaudert. Sie wissen genau, daß, selbst wenn Mnemotrix als Draht nicht kommerziell erhältlich ist, er durch eine einfache Schaltung simuliert werden kann. Und sie wissen auch, daß solche Dinge in tierischen Gehirnen vorkommen. Wenn Sie eine einigermaßen realistische Erklärung des Drahtes

möglichen Schwellenelemente eines ziemlich komplizierten Vehikels der Sorte 5 ein. Dies erfordert eine recht aufwendige Verdrahtung, doch ist zunächst aufgrund des hohen Widerstands von Mnemotrix kein großer Effekt zu erwarten. Ein ganz schwacher Strom wird sich von jedem aktiven Element zu allen anderen Elementen ausbreiten, mit denen es verknüpft ist. Während sich das Wesen, das nun zur Sorte 7 gehört, umherbewegt und sich in verschiedenen Situationen in seiner Umwelt erprobt, verändern einige MnemotrixVerknüpfungen ihre Stärke. Stellen Sie sich vor, aggressive Wesen in unserer Sammlung seien oft rot angemalt. Das würde den Sensor für Rot an unserem Wesen vom Typ 7 öfters gleichzeitig mit dem Schwellenelement aktivieren, das auf aggressives Verhalten antwortet, und die Leitfähigkeit des Mnemotrix-Drahtes, der die beiden verbindet, würde so häufig ansteigen, daß sie keine Zeit mehr hat, auf ihren Ausgangswert zurückzufallen. Die Konsequenz ist klar: Immer wenn Rot in Sicht ist, wird der gesamte Bewegungsablauf aktiviert, mit dem das Wesen normalerweise auf aggressives Verhalten antwortet, das heißt, unser Vehikel wird sich von dem gefährlichen Burschen abwenden. Die verstärkte Verbindung zwischen den Elementen repräsentiert das, was Philosophen ASSOZIATION nennen, in diesem Fall die Assoziation von roter Farbe mit Aggression. Allgemeiner können wir sagen, daß in diesem Wesen ein neuer BEGRIFF entstanden ist: Wann immer ein aggressives Vehikel naht, selbst wenn es grün oder blau ist, wird unser Wesen der Sorte 7 „Rot sehen", was für uns Beobachter gleichbedeutend ist mit der Feststellung: Es tut etwas, was es vorher nur dann tat, wenn es mit der Farbe Rot konfrontiert war.

Dieser Prozeß einer Übersetzung von Ereignissen, die in der Umgebung gleichzeitig ablaufen, in Komplexe von Aktivität innerhalb des Vehikels hat eine so große Bedeutung, daß wir uns

Fortsetzung Fußnote

Mnemotrix wünschen, denken Sie sich ein Material, das seine Leitfähigkeit in Abhängigkeit von der Temperatur ändert: Der Strom heizt die beiden durch Mnemotrix verknüpften Komponenten auf, die Temperaturänderung an den Verknüpfungsstellen wird fortgeleitet und bewirkt die Veränderung des Widerstands.

mit ihm etwas näher vertraut machen sollten. Eine Konsequenz, die wir schon beobachtet haben, ist Begriffsbildung. Wenn sie zwischen Kategorien wie rote Farbe und Aggression geschieht, nennen wir es vielleicht besser Assoziation. Doch sie kann auch innerhalb einer einzigen Kategorie vorkommen, sagen wir beim Geruch, wenn z. B. eine Anzahl in der Luft gelöster chemischer Stoffe wie verbranntes Plastik, Schmieröl und Batteriesäure, die bei Verkehrsunfällen zwischen Vehikeln mit Totalschaden freigesetzt und häufig gemeinsam wahrgenommen werden. Es ist sinnvoll, daß überlebende Wesen den „Todesgeruch" speichern, um später in der Lage zu sein, gefährliche Regionen ihrer Umwelt zu erkennen. Das entspricht der Bildung eines neuen olfaktorischen Begriffs.

Auf ähnliche Weise können visuelle Begriffe entstehen, wie die Geradheit einer Linie in einem bestimmten Teil des Gesichtsfeldes, die den gefährlichen Steilabfall am Tischrand kennzeichnet, oder die Bewegung vieler Gegenstände in verschiedenen Richtungen, die den Begriff „Gebiet wimmelnd von Vehikeln" ausmacht. Doch visuelle Begriffe können zu einem späteren Zeitpunkt effektiver behandelt werden, wenn wir unsere Vehikel mit der Kategorie des Raumes ausstatten. Eher sollten wir uns mit der philosophischen Seite des Begriffsbildungsprozesses auseinandersetzen.

Nehmen wir an, ein paar Philosophen beobachten eine Horde von Wesen des Typs 7 und spekulieren über ihr Verhalten. Ein Philosoph sagt: Das ist ja alles schön und gut; Situationen erkennen zu lernen, die einige Bedeutung haben, ist eine reichlich triviale Leistung, besonders auf die harte Art, mit Belohnung und Strafe. Es wäre eine ganz andere Sache, wenn diese Wesen ihre eigenen Begriffe einfach in stiller Meditation abstrahieren könnten; ohne äußeren Lehrer, der ihnen sagt, was wichtig ist. Sie werden das nie können, weil Abstraktion eine Fähigkeit ist, die nur der menschliche Geist besitzt.

Aber sehen Sie doch, sagt der andere Philosoph, ich habe soeben eine ABSTRAKTION beobachtet, die eine dieser Kreaturen vornahm. Es hatte ein rotgestrichenes Vehikel getroffen, das sich als aggressiv erwies, dann traf es ein anderes, grünes, wiederum aggressives. Sie wissen, daß die ganze Schar unbemalter grauer Vehikel ansonsten ganz friedlich ist und keine Verteidigungsreaktionen herausfordert. Als mein Vehikel schließlich ein drittes, blaubemaltes Exemplar traf, dachte es sofort, daß auch dieses aggressiv sei und drehte eilig ab. Das ist eine echte Abstraktion, bei der der allgemeine Farbbegriff die individuellen Farben rot und grün der ursprünglichen Erfahrung ersetzt. Oder, wenn Sie es so zu nennen wünschen, es hat eine VERALLGEMEINERUNG stattgefunden, und zwar von einzelnen Farben, die Gefahr anzeigen, auf das allgemeine Gefahrensignal „Farbe".

Gewiß, sagt der dritte Philosoph, und es ist auch nicht schwer zu erklären. Das hat etwas mit der Art und Weise zu tun, wie Farben durch die Aktivität verschiedener elektronischer Bestandteile im Apparat repräsentiert werden. Zweifellos befindet sich in dem ganzen Wirrwarr von Drähten einer, der „grau" bedeutet, als gleichmäßige Mischung aller Farben. Dann kann auch gut ein Draht dabeisein, der „nicht grau" bedeutet, und dieser wurde beidemal aktiv, als das rote und das grüne Vehikel erschienen. So hat der „nicht grau"-Draht die stärkste Beziehung zu Aggressivität, und dies wurde gelernt. Kein Wunder, daß dieser „nicht-grau"Draht als Gefahrensignal wirkte, als der blaue Aggressor ankam.

Also gut, sagt der vierte Philosoph, kein vernünftiger Mensch hat je hinter der „Fähigkeit zur Generalisation" irgendetwas Geheimnisvolleres vermutet.

Schon gut, sage ich, wenn Sie es nur einsehen.

Wesen 8
Raum, Dinge, Bewegung

Den nächsten Schritt zur Verbesserung unserer Vehikel tun wir in erster Linie uns selbst zuliebe: um die Dinge in Ordnung zu halten und die Verdrahtung nicht zu sperrig werden zu lassen. Dabei stellt sich heraus, daß die Einführung einer inneren Ordnung zum Beispiel in Form von eingebauten Landkarten der Umwelt von unschätzbarem Wert auch für die Wesen selbst ist, da sie es ihnen sehr erleichtert, die Wahrheit über ihre Umgebung herauszufinden.

Mit Landkarten meine ich folgendes. Nehmen Sie einen Satz Fotozellen, etwa einhundert Stück, doch anstatt sie regellos über die ganze Oberfläche des Vehikels zu verteilen, stellen Sie sie in einem quadratischen Raster von 10 mal 10 Zellen auf der Frontfläche des Gehäuses zusammen (Abb. 11). Nun befestigen Sie eine Linse über dem Raster der Fotozellen und machen es so zu einer Kamera. Wenn alles richtig eingestellt ist, wird — wie Sie wissen — die Landschaft vor dem Vehikel als umgekehrtes Bild auf das Raster der Fotozellen projiziert.

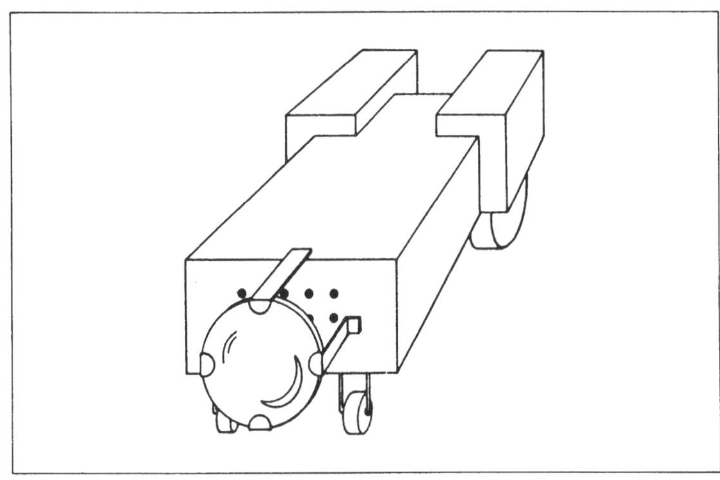

Abb. 11 Wesen 8 mit Linsenauge.

Natürlich erhalten Sie mit diesen 100 Fotozellen kein perfektes Fernsehbild, aber ein Bild bekommen Sie auf jeden Fall, kein regelloses Durcheinander von Licht und Schatten, sondern eine Wiedergabe der Anordnung der Dinge, ihrer Nachbarschaftsbeziehungen und, ganz grob, ihrer Abstände voneinander.

Es ist leicht, diese Ordnung sinnvoll zu nutzen. Wir können Netze von Schwellenelementen zusammenstellen, die unterscheiden können zwischen ganz zufälligen Umgebungen und solchen, die Klumpen von Materie, sich bewegende Dinge, geordnete Strukturen enthalten.

Bauen Sie sich eine Vorrichtung aus Schwellenelementen, deren jedes mit einer Gruppe von Fotozellen verknüpft ist, die in dem Raster benachbarte Positionen einnehmen, etwa je 4 in quadratischer Anordnung (Abb. 12). Solange nun das Vehikel

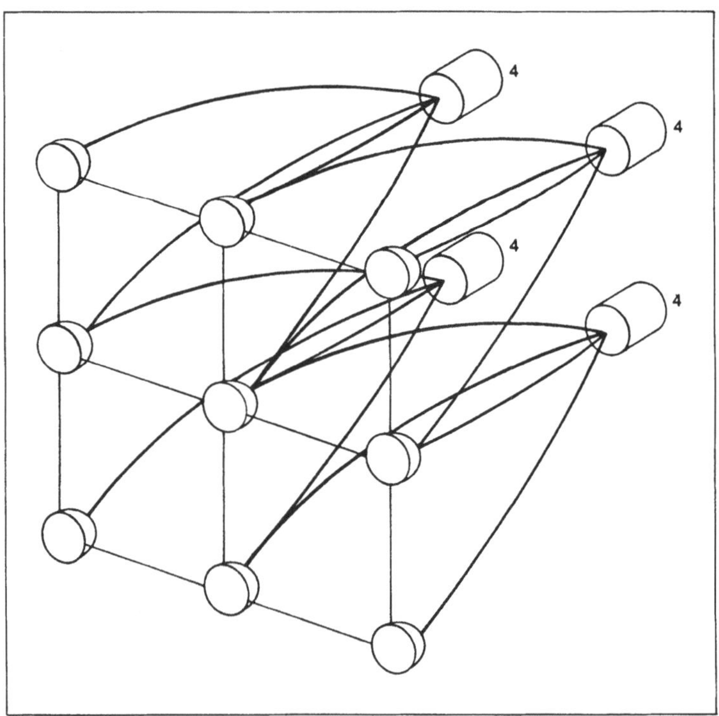

Abb. 12 Ein Objekt-Detektor. Jedes der Schwellenelemente auf der rechten Seite antwortet nur dann, wenn vier benachbarte Sensoren, die in einem Viereck angeordnet sind, zugleich aktiv werden.

von vielen kleinen unbedeutenden oder ziemlich weit entfernten Dingen umgeben ist, sieht jede Fotozelle ein paar von diesen Dingen und zwar jede mehr oder weniger die gleiche Anzahl, und sie werden folglich alle ungefähr im gleichen Maße aktiv werden. Selbst wenn manche Fotozellen zufällig ein paar Gegenstände mehr sehen als ihre Nachbarn und infolgedessen etwas mehr Ausgangssignal abgeben, wird die Wirkung wahrscheinlich durch die Schwellenelemente ausgeglichen, die ja immer den Ausgang von vier benachbarten Fotozellen addieren. Doch wenn ein größeres Objekt in der Nähe unseres Wesens erscheint, so wird es von einer Gruppe von Fotozellen gesehen, die alle mit demselben Schwellenelement in Verbindung stehen. Dieses wird dann viel stärker aktiviert als die anderen und fungiert damit als *Objekt-Detektor*, eine Einrichtung von unschätzbarem Wert für das Wesen.

Es könnte unter Umständen nützlich sein, einen Satz von *Bewegungs-Detektoren* zu konstruieren, die mit dem Fotozellen-Raster in Verbindung stehen (Abb. 13). Schalten Sie in den Ausgang jeder Fotozelle ein Verzögerungselement, das ein aufgenommenes Signal erst nach einer kleinen Weile weiterleitet. Nichts leichter als das, ein etwas trägeres Schwellenelement genügt schon. Nun arrangieren Sie ein neues Raster von Schwellenelementen hinter dem Raster der Fotozellen. Jedes ist über das entsprechende Verzögerungselement mit einer Fotozelle verknüpft und außerdem direkt mit der benachbarten Fotozelle linkerhand. Die Schwellenelemente werden nur dann aktiv, wenn sie auf beiden Kanälen ein Signal erhalten. Jedes Mal, wenn ein heller Gegenstand sich von rechts nach links vorbeibewegt, löst er ein Signal in einer Fotozelle aus, das in dem dazugehörigen Verzögerungslement eine kurze Zeitlang gespeichert wird. In dem Augenblick, da der bewegte Gegenstand ein Signal in der benachbarten Fotozelle auslöst, reicht das Verzögerungselement sein Signal ebenfalls weiter, und beide übermitteln dem Bewegungsdetektor-Schwellenelement gleichzeitig keinen Impuls, mit dem sie es aktivieren. Offensichtlich hätte ein Gegenstand, der sich in umgekehrter Richtung bewegt, nicht den gleichen Effekt, da er über den schnellen Kanal zuerst ankommt, über den trägen danach: Die Signale würden auf der nächsten Ebene nicht zusammentreffen. Also sind unsere Bewegungsdetektoren richtungsspezifisch.

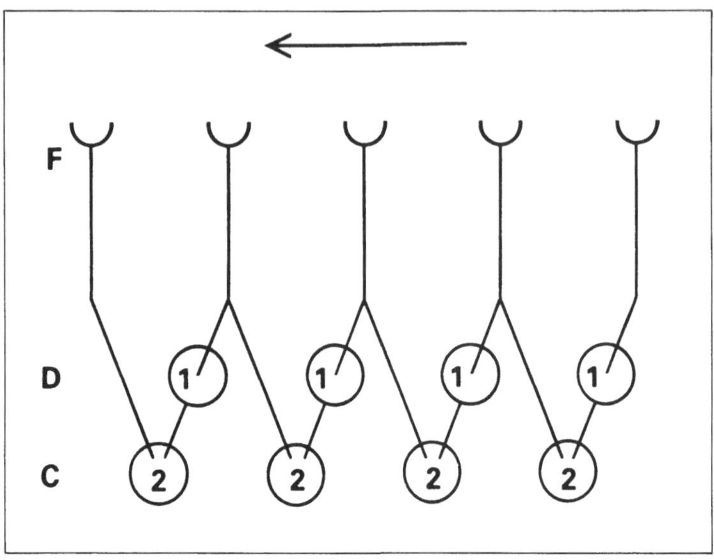

Abb. 13 Ein Satz von Bewegungsdetektoren (C) für Bewegungen von rechts nach links. Die Schwellenelemente C werden aktiv, wenn sie ein Signal direkt vom links benachbarten Sensor F und zur gleichen Zeit indirekt, über ein Verzögerungselement D, vom rechts benachbarten Sensor empfangen.

Wir können natürlich verschiedene Sätze von Bewegungsdetektoren für verschiedene Richtungen zusammenstellen, so daß ihnen keine Bewegung entgeht. Wir können sie auch auf verschiedene Geschwindigkeiten eichen oder sogar auf verschieden große Objekte. Um das zu erreichen, bauen wir erst eine Vorrichtung wie in Abb. 12 und verbinden dann die Ausgänge der einzelnen Objektdetektoren paarweise mit Bewegungsdetektoren. Nur die Bewegung von Objekten bestimmter Größe, definiert durch die Verdrahtung an den einzelnen Objekt-Detektoren, ruft dann Aktivität im Bewegungsdetektor hervor. Wir können auch umgekehrt vorgehen. Zuerst stellen wir die Bewegungsdetektoren zusammen, alle auf Bewegung in derselben Richtung mit der gleichen Geschwindigkeit abgestimmt. Jetzt nehmen wir den Ausgang von Sätzen benachbarter Bewegungsdetektoren und verbinden jeden Satz mit einem Schwellenelement, das dann als Objektdetektor fungiert. Dieser Objektdetektor erkennt ein Objekt nur als eine Menge von Punkten, die sich alle in dieselbe Richtung bewegen. Was nebenbei gesagt auch beim Menschen die Art ist, wie wir gewisse Dinge sehen, z. B. die Bewegung eines Tintenfischs auf dem sandigen Meeresgrund, trotz der vorzüglichen Tarnfärbung dieses Tieres.

Ein anderer, wohlbekannter Weg, eine Anordnung von Fotozellen sinnvoll zu nutzen, wird oft *laterale Inhibition* genannt (Abb. 14). Wir stellen wieder ein Raster von Schwellenelementen hinter einem Raster von Fotozellen zusammen. Wir verbinden jedes Schwellenelement mit einer einzelnen Fotozelle, so daß es durch Licht in der entsprechenden Position aktiviert wird. Nun führen wir die „laterale Inhibition" ein: Jedes aktive Schwellenelement verringert die Aktivität seiner Nachbarn. Je stärker es aktiviert wird, desto stärker ist die inhibitorische Wirkung. Sie sehen leicht, daß zwischen benachbarten Schwellenelementen, die verschieden hoher Erregung ausgesetzt sind, ein ungleicher Konkurrenzkampf anhebt: Das stärker erregte setzt die anderen vollkommen außer Kraft, zumal es bei der verringerten Aktivität seiner Nachbarn selbst immer weniger Hemmung erleidet. Infolgedessen erhalten Sie anstatt einer kontinuierlichen Verteilung der Aktivität, die alle Schattierungen des Bildes widerspiegelt, das die Fotozellen sehen, eine Wiedergabe von isolierten hellen Flecken. Einzig im

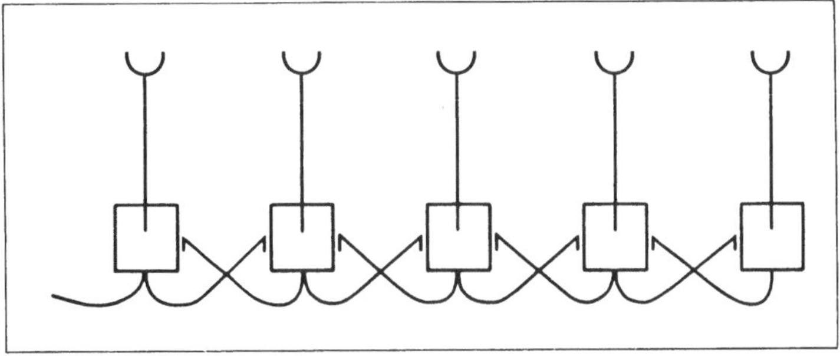

Abb. 14 Fünf Schwellenelemente, durch ebensoviele Sensoren erregt, im übrigen jedes mit seinem Nachbarelement inhibitorisch verknüpft. Gleichförmige Erregung des gesamten Elementensatzes wird von der gegenseitigen Hemmung unterdrückt, während isolierte Erregungen überleben.

Fall einer ganz einheitlichen Ausleuchtung befinden sich alle Schwellenelemente auf demselben Aktivitätsniveau (obgleich es dabei am Rande des Netzes von Schwellenelementen Schwierigkeiten gibt). Aber auch bei gleich starker Aktivierung wirken sie inhibitorisch aufeinander; die Einförmigkeit zeigt sich also in schwacher Aktivität, was nichts ausmacht, da Einförmigkeit uninteressant ist.

Natürlich sind diese Tricks — sowie einige weitere, leicht vorstellbare — nur dann möglich, wenn irgendwo im Körper des Vehikels eine ordentliche Abbildung des Sinnesraumes existiert. Das muß nicht unbedingt der 2-dimensionale Bildraum sein, wie in den eben besprochenen Beispielen. Es könnte sich um den 3-dimensionalen Tast-Raum handeln, wenn wir die Punkte, die das Vehikel mit Hilfe eines mit Gelenken und taktilen Sensoren versehenen Arms berühren kann, in einem 3-dimensionalen Gebilde abbilden. Wenn Sie die Signale, die von zwei Augen kommen, durch einen Apparat hindurchschicken, der die in der menschlichen Psychologie als „stereoskopisches Sehen" bekannte Art von Verrechnung durchführt, kann es auch ein 3-dimensionaler visueller Raum sein. Ich kann alle möglichen bizarren Räume erfinden, die wir nutzen könnten, um die auf das Vehikel eintreffende Information in passender Form einzuordnen. Ein 2-dimensionaler visueller Raum, kombiniert mit einer zeitlichen Dimension, kann im Vehikel zu einer Repräsentation aller vergangenen und gegenwärtigen Bilder in einem 3-dimensionalen räumlichen Gerüst führen. Inspiriert durch einiges, was über tierische Gehirne bekannt ist, könnte ich auch ein 3-dimensionales Gerüst für die Einordnung akustischer Information erfinden, wobei eine Dimension die Frequenz bedeutet, die andere die Intensität und die dritte vielleicht die Phase der akustischen Signale.

Kurioserweise bin ich bei der Erfindung von inneren Räumen für Vehikel noch nicht einmal durch die drei Dimensionen des üblichen Raumes eingeschränkt, der doch unser unmittelbares intuitives Verstehen begrenzt. Die Schwierigkeit liegt in der Vorstellung von festen Körpern mit mehr als drei Dimensionen, sagen wir einem 4-dimensionalen Würfel oder einer 5-dimensionalen Kugel. Denken wir an einen gewöhnlichen 3dimensionalen Würfel, dann neigen wir in der Tat dazu, so etwas wie eine Schachtel mit sechs quadratischen Seiten vor uns zu sehen. Wenn wir uns einen 4-dimensionalen Würfel vorstellen wollen, so merken wir, daß die Seiten einander durchdringen müßten, was wir uns kaum bildhaft machen können, und wir geben auf. Andererseits fällt es uns leicht, uns Netze von mehr als drei Dimensionen vorzustellen oder sie zu zeichnen (Abb. 15). Die Zeichnung zeigt Kugeln, die über Drähte verknüpft sind. Ihre Struktur ist wahrhaftig 4-dimensional, da man zur Spezifizierung der Koordinaten einer bestimmten Kugel oder des Weges, der von einer Kugel zu einer bestimmten anderen führt, angeben muß, wie viele Schritte man in einer Richtung x, in der anderen Richtung y und in den Richtungen z und w fortschreiten muß. Lassen Sie einmal Entfernung und Winkel auf der Zeichnung außer acht (Sie können sie auf einer Projektion sowieso nicht korrekt wiedergeben, selbst im Falle eines 3-dimensionalen Gitters), und stellen Sie sich das Gitter in allen vier Dimensionen bis ins Unendliche ausgedehnt vor, so sieht es genau gleich aus, egal, auf welcher Kugel Sie sitzen und in welche der vier Richtungen Sie auch schauen. Nun

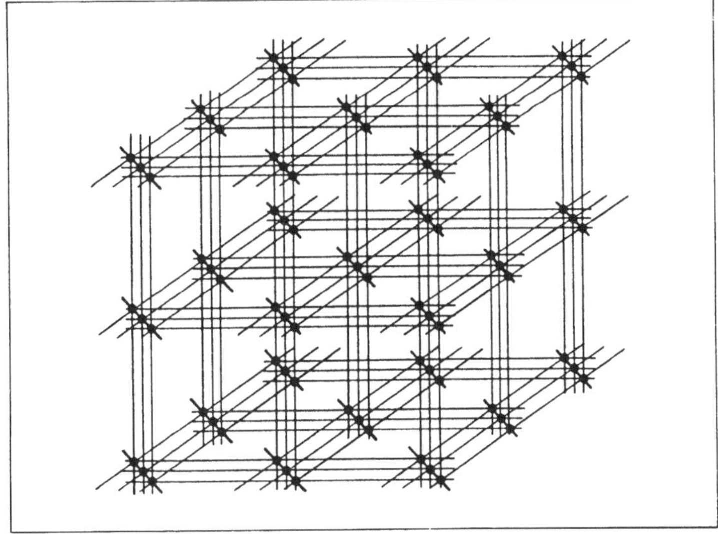

Abb. 15 Ein vierdimensionaler Würfel. Jede Kante wird von drei Punkten markiert, die durch einen Draht verbunden sind.

können Sie sogar tatsächlich das Netz oder ein Stück von ihm aus Kugeln und Drähten nachbilden; was Sie dann in Händen halten, ist eine echt 4-dimensionale Struktur, natürlich zusammengeklappt („projiziert") in die drei Dimensionen des Raumes, in denen Ihre Hände sich bewegen, so wie ein Architekt sein 3-dimensionales Gebäude in den 2-dimensionalen Raum seines Zeichenbretts zusammenklappt.

Sie könnten sogar auf Ihrem Gitter sitzen und es zu einem 2-dimensionalen Filz zusammenpressen. Das würde nichts ausmachen. Einer Laus, die den Drähten entlang wandert, würde immer noch die 4-dimensionale Verknüpfung auffallen, vorausgesetzt natürlich, sie verfügt über die nötige mathematische Bildung.

Der Punkt, um den es mir geht, ist die besondere Eigenheit von Gittern oder Netzwerken im Gegensatz zu massiven Körpern. Haben Sie sich einmal entschlossen, den Raum durch diskrete Punkte im Vehikel darzustellen, dann können Sie „Nachbarschaft" mittels Linien darstellen, die diese Punkte verbinden, und das gibt Ihnen die Freiheit, jeden beliebigen Raum nachzuahmen, einschließlich der Räume, die sich ein menschliches Gehirn nicht vorstellen kann. Kann es das Vehikel?

Wir müssen uns wieder an die Philosophen wenden. Fragen wir, ob Wesen 5 mit dem a priori-Begriff des Raumes ausgestattet ist, da dies eine Frage in einer Form ist, die dem Philosophen vertraut ist. Nur kann er in diesem Fall nicht einfach seine Augen schließen und in seinem Inneren nach einer Antwort suchen. Er muß experimentelle Situationen erfinden, in denen das Vehikel den richtigen Gebrauch seiner inneren Repräsentation des Raums demonstrieren könnte. Ein einfacher Test: Man bewege ein Vehikel von seiner gegenwärtigen Position ein bestimmtes Stück in eine Richtung, dann noch einmal in eine andere Richtung. Wenn der Ort, an dem es sich vorher befand, Vorzüge hat, strebt es sicher zu ihm zurück. Nimmt es genau den Weg, den es gekommen ist, oder wählt es die Diagonale, den kürzesten Rückweg? Wenn es eine innere Darstellung der 2-dimensionalen euklidischen Geometrie besitzt, was gleichbedeutend ist mit: wenn es über das Apriori des 2-dimensionalen Raumes verfügt, geht es schnurstracks auf sein Ziel los. Ein solches Apriori können wir leicht in das Gehirn eines Vehikels einbauen. Stellen wir uns ein 2-dimensionales Blatt aus einem Material vor, das überall denselben Leitwert für elektrische Ströme hat. Dieser ist definiert als Strom (in Ampere), dividiert durch die angelegte Spannung (in Volt) für einen Draht bestimmter Dicke und Länge. Legen wir nun zwischen zwei Punkten des Blattes eine Spannungsdifferenz an, dann ist der durch das Material fließende Strom am stärksten auf der direkten Linie zwischen den beiden Punkten (d. h., dort ist die Stromdichte, der Strom pro Flächeneinheit, am höchsten). Nehmen wir an, das Vehikel befinde sich auf einem der beiden Punkte und strebe zu dem anderen hin, dann können wir leicht ein Element konstruieren, das mittels einfacher Messung der Stromdichte den kürzesten Weg für das Vehikel bestimmt.

Also, würden wir folgern, hat es das a priori-Konzept des 2-dimensionalen Raumes. Könnten wir ihm das des 3- und 4-dimensionalen Raumes genauso eingeben? Für drei Dimensionen verwenden wir einfach einen Klotz aus demselben Material wie das, aus dem das 2-dimensionale Blatt bestand, und betten darin viele Elektroden ein, um Spannungsdifferenzen zu erzeugen und Ströme zu messen. Doch bei vier Dimensionen wissen wir schon, daß wir auf vierdimensionale Gitter zurückgreifen müssen, da wir keine vierdimensionalen Klötze herstellen (oder uns auch nur vorstellen) können. Im Prinzip macht das keinen großen Unterschied. Auch dann könnten wir die kürzesten Abstände (entlang den Kanten des Gitters) mit der Methode der Stromdichteanalyse messen. Wir könnten das 4 D-Gitter aber auch auf kompliziertere Art verwenden, um unserem Wesen Gelegenheit zu geben, seine Kenntnis von höherdimensionalen Räumen zu demonstrieren. Könnte das Vehikel sprechen, so würden wir es bitten, in seinem Gehirn die Drehung um, sagen wir, 90 Grad eines vierdimensionalen Würfels um eine seiner Achsen zu vollziehen. Bei menschlichen IQ-Tests gibt es solche Aufgaben in Form von 2-dimensionalen Abbildungen von 3-dimensionalen Würfeln mit drei sichtbaren Seiten. Die drei Seiten sind unterschiedlich gekennzeichnet. Die Fragen lauten etwa so: Ist der Würfel A nur eine andere Ansicht des Würfels B, C, D oder E? Manche Menschen haben Schwierigkeiten mit 3-dimensionalen Würfeln, alle mit 4-dimensionalen. Doch ein

Vehikel, ausgestattet mit einem Gitter wie in Abb. 14, kann den IQ-Test für vierdimensionale Würfel leicht bestehen, wenn die Frage in einer ihm verständlichen Sprache gestellt wird.

Ich höre mich wieder zu den Philosophen sprechen. Worauf es mir ankommt, ist, daß geordnete Abbildung eines Raumes in einem Wesen mehr bedeutet als nur eine praktische Konstruktionsvorschrift. Sie kann auf einfache Weise zur Überprüfung der REALITÄT von Dingen dienen. Wir haben gesehen, wie leicht man Netzwerke herstellen kann, die auf Bilder reagieren, die sich mit einer bestimmten Geschwindigkeit bewegen. Sind diese Bilder Abbildungen von Objekten der Außenwelt, so hält sich die Bildgeschwindigkeit in gewissen vernünftigen Grenzen, die von den physikalischen Gesetzen der Bewegung von Massen diktiert werden. Auch die sich verändernde Gestalt eines Schattens zeigt durch die Kontinuität und gewisse Regelmäßigkeiten der Veränderung an, daß dieser Schatten von einem festen Körper geworfen wird. Auch das könnte leicht von einem 2-dimensionalen Netz erfaßt werden. Und natürlich kann auch die Identität einer Gestalt unabhängig von der Bewegung des Vehikels von solchen Netzen erfaßt werden, — ein wichtiger Anhaltspunkt für die Wahrnehmung von Objekten, die eine feste geometrische Beziehung mit dem Vehikel beibehalten. Auf diesen Punkt kommen wir im nächsten Kapitel zurück. Hier genügte es, darauf hinzuweisen, daß bei unseren Wesen — wie in der Relativitätsphysik — das Erkennen oder gar die Existenz von Dingen mit der Dimensionalität des Raumes zusammenhängt, und zwar mit der der Innenwelt wie der der Außenwelt.

Wesen 9
Gestalt

Wir verbessern unsere Vehikel weiter in der Richtung, die wir mit der Konstruktion der vorherigen Sorte eingeschlagen haben, doch jetzt mit veränderter Absicht. Wir wollen jetzt versuchen, unsere Wesen mit einem nützlichen Satz von Ideen auszustatten, die sich auf die Gestalt von Dingen beziehen — besonders auf Gestalt, wie wir sie mit unseren Augen sehen (und wie sie ein Vehikel sieht, wenn es über ein gutes Kameraauge verfügt).

Wenn wir uns mit Gestalten unabhängig von Farbe und anderen unwichtigen Einzelheiten beschäftigen wollen, so müssen wir dafür sorgen, daß im Sehapparat des Vehikels eine Umrißzeichnung der Dinge angefertigt wird, wie sie ein Zeichner mit einem Bleistift herstellen könnte (Websters Wörterbuch definiert Gestalt als „die Qualität eines Dings, die von der relativen Lage aller Punkte abhängt, die seinen Umriß oder seine äußere Oberfläche bilden"). Das bereitet keine großen Schwierigkeiten, wenn die Dinge sich klar von ihrem Hintergrund abheben, zum Beispiel Vögel am Himmel oder Vehikel auf einem weißen Tisch. Dann können wir nämlich den bereits erwähnten Trick mit der lateralen Inhibition anwenden (Abb. 14). Nur scharfe Grenzen werden auf der nächsten Stufe abgebildet; es entsteht so etwas wie eine Strichzeichnung. War das Innere der abgebildeten Figur homogen, ganz schwarz vielleicht, dann bleibt nur die Umrißlinie der Gestalt bestehen.

Wir wollen Detektoren für elementare Gestaltseigenschaften entwickeln. Das erste, was uns in den Sinn kommt, ist bilaterale Symmetrie. Dieser Detektor ist leicht zu konstruieren und ganz besonders nützlich (Abb. 16). Wir stellen wieder ein Raster von Schwellenelementen zusammen, auf das mittels eines passenden Kamerasystems ein Bild der äußeren Welt projiziert wird. Eine Hälfte empfängt das Bild der rechten Hälfte der sichtbaren Umgebung, also von allem, was sich rechts vom Vehikel befindet; die andere Hälfte empfängt das Bild der linken

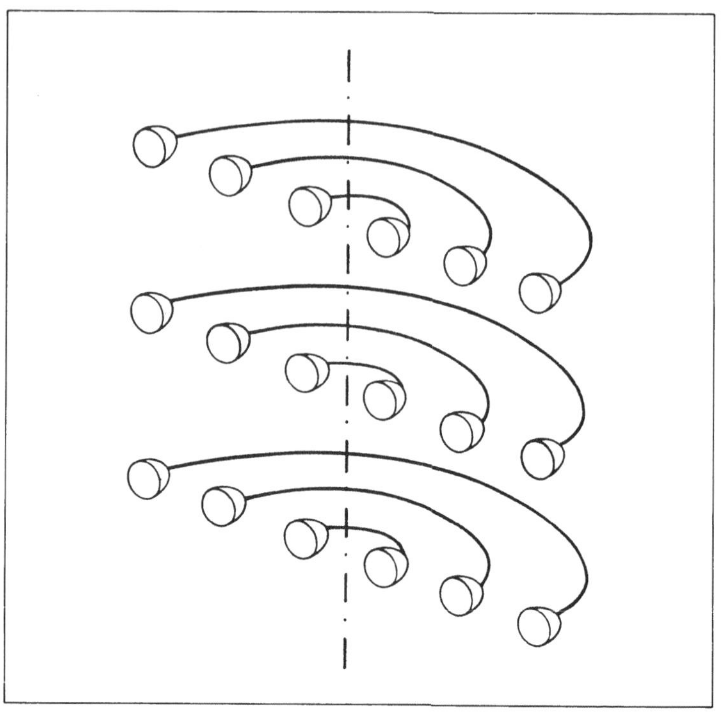

Abb. 16 Ein Detektor für Bilateralsymmetrie. Er besteht aus einer Anordnung von paarweise verbundenen Elementen. Elemente, die in Bezug auf die Mittellinie symmetrisch zueinander liegen, wirken gegenseitig verstärkend. Diese Anordnung reagiert stark auf bilateralsymmetrische Bilder.

Hälfte der Welt. Jetzt verknüpfen wir paarweise die symmetrisch zueinander gelegenen Schwellenelemente der rechten und linken Seite. Über den Draht beeinflussen sie einander so, daß sie viel aktiver werden, wenn beide gleichzeitig einen Impuls erhalten, als wenn nur eines von beiden aktiviert wird. Daraus ergibt sich eine wichtige Konsequenz: Hat das Vehikel eine symmetrische Form mit einer vertikalen Symmetrieachse vor sich, wie beispielsweise eine aufrechte menschliche Gestalt, von vorne oder von hinten gesehen, dann wird diese Anordnung von Schwellenelementen stärker aktiviert als in jedem anderen Fall. Denn gleichzeitig mit jedem Element, das auf einer Seite des Vehikels erregt wird, wird auch das spiegelsymmetrische Element auf der

anderen Seite erregt, und es findet gegenseitige Verstärkung
statt.

Lassen wir aufrechte menschliche Gestalten beiseite, die
unbeabsichtigte ästhetische Aspekte anklingen lassen. Denken wir
nur an eine Welt, die von unseren verschiedenen Vehikeln
bevölkert ist. Bis jetzt haben wir noch wenig über ihre äußere Erscheinung gesprochen, obwohl wir stillschweigend angenommen
hatten, daß die Vehikel aus zwei spiegelbildlichen Hälften
bestehen: zwei Motoren, einer auf jeder Seite, zwei Riechorgane
usw., und folglich von einem symmetrischen Gehäuse, wie bei
einem Automobil, umgeben sind. Natürlich ist ein Vehikel, von
der Seite gesehen, unsymmetrisch: vorne die Sinnesorgane,
hinten die Motoren, und die Hauptbewegung geht immer in eine
Richtung, nach „vorwärts". Auch in der Richtung oben-unten
ist es nicht symmetrisch, da die Fortbewegung auf einer Fläche,
wie sie unsere Vehikel meist praktizieren, aus Gründen der
Schwerkraft auf der zum Boden gewandten Seite, der sogenannten Unterseite, Räder (oder andere Instrumente der Fortbewegung) erforderlich macht.

Aber es gibt gute Gründe dafür, daß die Vehikel in der
Richtung, die senkrecht auf der „Vorne-Hinten"- und der
„Oben-Unten"-Richtung steht, das heißt längs der Achse, die
das Begriffspaar „rechts" und „links" kennzeichnet, symmetrisch angelegt sind. Dies sahen wir schon früher an den Vehikeln 2, 3 und 4, die überraschend lebensähnliches Verhalten
zeigten, ausschließlich auf der Grundlage gepaarter, sehr einfacher Verknüpfungen zwischen zwei Sinnesorganen und zwei
Motoren. Die Steuerung der Motoren über zwei symmetrische
Zügel führt zu einem Verhalten, bei dem ein Objekt als Verhal-
tenspartner von der Umgebung isoliert wird, indem die Bewegungen des Vehikels das Objekt entweder in seinen Weg rücken
oder im Gegenteil durch Abwendung den Zusammenstoß mit
ihm vermeiden.

Betrachten wir den ersten Fall. Die Verschaltung bewirkt
die Hinwendung zum Objekt. Ein Beobachter würde sagen: Das
Vehikel hat es auf dieses Objekt abgesehen, es schenkt ihm
Aufmerksamkeit. Was aber, wenn das Objekt ein anderes
Vehikel ist? Wie würde die Situation für dieses aussehen, wie
müßte es reagieren? Wenn ein Wesen ein anderes erblickt, das

direkt auf es zusteuert, befindet es sich in einer ganz speziellen
Lage, die besonderer Beachtung wert ist, ganz gleich, ob sich das
andere mit neugieriger, freundlicher oder aggressiver Absicht
nähert. Hier erweist sich nun der Detektor für bilateral-symme-
trische Gestalt, den wir eben beschrieben haben, als nützlich.
Wir können ihn so verwenden, daß er die nötigen Reaktionen
auf die Wahrnehmung „Ein anderes Wesen kommt auf mich zu"
oder „Da hat einer etwas mit mir vor" auslöst.*). In einer Welt,
die nur Vehikel enthält (und keine anderen vom Menschen
gemachten Objekte wie Kirchen und Monumente), haben
symmetrische Gebilde in der Tat meist genau diese Bedeutung:
Hier befindet sich ein Interaktionspartner des Beobachters.

Es besteht also ein Zusammenhang zwischen der bilateralen Symmetrie im Sinnesraum (besonders im visuellen) und dem
Pronomen der 2. Person Singular, dem Begriff „Du". Das
machen sich die Erbauer von Tempeln und Kirchen zunutze,
mit deren ausgeprägter symmetrischer Architektur sie die
Gegenwart eines abstrakten *Du* spürbar machen, eines Ge-
sprächspartners, der dem Beobachter immerzu gegenübersteht.
Das gleiche Prinzip ist in der Biologie zu beobachten; gewisse
Blumen wie die Orchideen legen sich eine bilateral-symmetri-
sche Gestalt zu, um von solchen Insekten als „Partner" akzep-
tiert zu werden, die auf diesen Typ von Symmetrie geeicht sind.

Beachten Sie, daß in unsere Diskussion über den Detektor
der bilateralen Symmetrie etwas Neues und sehr Bedeutsames
Eingang gefunden hat. Wir hatten uns entschlossen, bei den
Wesen der Sorte 9 ein System von Verknüpfungen zwischen
korrespondierenden Punkten der rechten und linken Seite
einzuführen. Im Rahmen der Erklärung, warum eine solche
Verschaltung nützlich wäre, mußten wir nicht nur auf die
äußere Erscheinung anderer Wesen, die dem unseren begegnen
könnten, eingehen, sondern auch auf deren Verhalten. Die
Dinge werden komplizierter: Wir arbeiten nicht mehr nur an
Individuen, die als Einzelwesen betrachtet werden, sondern an
den Gliedern einer Gemeinschaft mit komplizierten Interaktionen zwischen Wesen der gleichen Art oder verschiedener Arten.

*) Der schöne Ausdruck „Konfrontation" ist hier am Platze: Fronten, die
   aufeinander zukommen, die sich gegenüberstehen.

Jeder Fortschritt, den wir bei der jüngsten Generation von Vehikeln ersinnen und in Umlauf bringen, wird über den Prozeß der Darwinschen Selektion (siehe Wesen 6) andere Wesen zwingen, aus dem Wettbewerb auszuscheiden oder ihr Verhalten durch Lernen zu verändern, wie die Wesen vom Typ 7. Natürlich erschwert uns das vorauszusehen, was sich jeweils als „Fortschritt" auswirken wird. Manchmal wird, wegen unvorhergesehener Reaktionen der Umgebung, der Nettoeffekt das Gegenteil von dem ergeben, was wir erwarten. Doch bestimmte große Erfindungen werden jeden Wechsel überstehen und gegen alle schlauen Verteidigungen immun bleiben. Ich vermute, daß der Bilateralitäts-Detektor als Anzeiger für „in jemandes Aufmerksamkeit stehen" zu dieser Kategorie gehört. Sogar in der Biologie mit ihren komplizierten Interaktionen zwischen den Arten ist er von größter Bedeutung geblieben. Es macht einem Insekt, das einen Geschlechtspartner sucht, nicht wirklich etwas aus, wenn es gelegentlich von einer Orchidee auf Abwege gelockt wird. In den meisten Fällen bewährt sich sein Symmetrie-Detektor für den richtigen Zweck.

Andere Insekten lassen sich von anderen Blumen locken, z. B. von Blumen mit Radiärsymmetrie wie dem Gänseblümchen. Entsprechende Detektoren könnten wir auch für unsere Wesen der Sorte 9 konstruieren; sie melden Singularitäten in der Welt, Quellen, die nach allen Richtungen strahlen. Ein solcher Detektor könnte die Tatsache nutzen, daß, wenn man sich einem Muster wie dem von Abb. 17 nähert, keine Bewegung wahrgenommen wird, das Bild mit sich selbst identisch bleibt.

Eine fundamentale Formkategorie ist Periodizität. Ein sich wiederholendes Muster kann viele wichtige Situationen ankündigen. Zum einen eine Ansammlung identischer Individuen. Dann ein periodisches Muster auf dem Boden, vielleicht die Spur eines Vehikels, das sich mit einer Art Schreitmechanismus rhythmisch fortbewegt. Oder es kann von irgendeiner oszillierenden Bewegung in Form einer stehenden Welle stammen: ein Hinweis auf gespeicherte Energie. Periodische Muster sind, wie man sieht, Ereignisse von großer Bedeutung in dieser Welt, sie stehen auf derselben fundamentalen Stufe wie bilateralsymmetrische oder radiärsymmetrische Figuren. Es ist sinnvoll, unsere Vehikel mit Detektoren für Periodizität auszustatten.

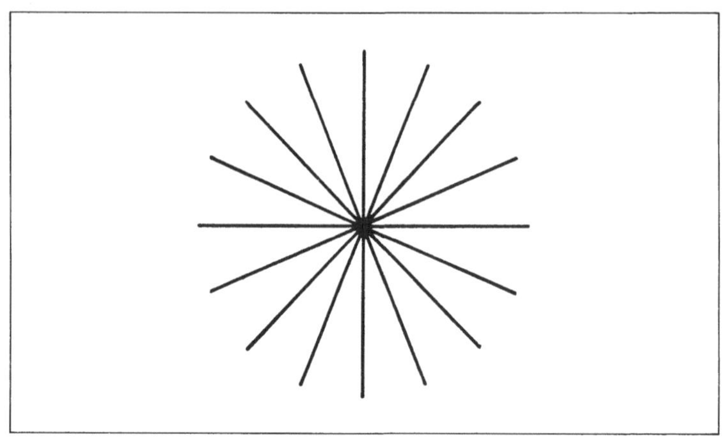

Abb. 17 Ein skaleninvariantes Muster. Nähert sich ein Vehikel dem Zentrum der Figur, so empfängt es einen konstanten visuellen Input (vorausgesetzt, wir machen die Figur groß genug und die Linien unendlich dünn). Das Fehlen von wahrnehmbarer Bewegung kann als Merkmal für bestimmte Figuren mit Radialsymmetrie gelten.

Das ist auf verschiedene, einfache Weise möglich. Wir können sie zum Beispiel mit einem Satz verschiedener periodischer Schablonen versehen und sie das Bild der Umgebung mit diesen Schablonen vergleichen lassen; das geschieht z. B. über den mathematischen Prozeß der *Kreuz-Korrelation*. Das ist das Prinzip der sogenannten Fourier-Analyse. Die technische Durchführung ist nicht allzu schwierig. Ein weiterer interessanter Detektor für periodische räumliche Impulse ist implizit in den bereits im vorherigen Kapitel erwähnten Netzwerken enthalten, in denen das Prinzip der *lateralen Inhibition* wirksam wird. Es zeigte sich, daß ein derartiges Netzwerk von Schwellenelementen auf gleichmäßige Erregung kaum anspricht und dafür Kontraste verstärkt. Es liefert ein maximales Ausgangssignal für eine Reihe von Erregungsabschnitten, die weit genug auseinander liegen, um sich gegenseitig nicht durch Inhibition zu stören, d. h. für ein periodisches Muster, bei dem der Abstand zwischen den Erregungen von der Länge und Stärke der inhibitorischen Verknüpfungen bestimmt wird. Testen wir ein solches Netzwerk mit gestreiften Mustern, so bemerken wir, daß es, egal wie die

Streifen ausgerichtet sind, das gleiche Ausgangssignal liefert, vorausgesetzt, daß die Hemmung in allen Richtungen gleich ist.

Zusammengenommen haben die Wesen der Sorten 8 und 9 wieder Beweise für unser Gesetz der leichten Synthese und der mühsamen Analyse erbracht. Ein Problem, das den Psychologen viel zu schaffen macht, wenn sie sich mit wirklich existierenden Tieren oder mit dem Menschen befassen, das Problem der angeborenen Begriffe, findet viele Lösungen, wenn wir es aus der entgegengesetzten Richtung angehen. Wir konstruierten ganz einfache homogene Netzwerke und entdeckten dann, daß sie implizite Definitionen von Begriffen enthalten, wie den des 3-dimensionalen Raums, der kontinuierlichen Bewegung, der Realität von Dingen, der persönlichen Beziehungen zwischen verschiedenen Wesen. Mehr und mehr verlieren wir unsere Furcht vor philosophischen Begriffen.

Die Übungen zur synthetischen Psychologie in diesem Kapitel stammen meist aus dem visuellen Sinnesbereich. Natürlich ist es ziemlich einfach, sich a priori-Begriffe in anderen Bereichen, dem taktilen oder olfaktorischen, vorzustellen. Beim Eingangssignal, das von einem Ohr des Vehikels, sprich von einem Mikrophon, geliefert wird, einem rein zeitabhängigen Signal ohne räumliche Dimension, ist es sicher wichtig, das Vehikel mit Detektoren für Periodizitäten verschiedener Frequenz auszurüsten. Frequenz — a prioris, sogenannte Resonatoren, waren lange Zeit die Grundlage der menschlichen Gehörtheorie.

Wesen 10
Ideen haben

Die Zeit ist gekommen, sich zurückzulehnen und die sonderbare Gesellschaft der Wesen zu betrachten, die unser Laboratorium bevölkern. Sie gehen ihren Geschäften nach und folgen dabei Gesetzen, die wir zum Teil verstehen, weil wir sie selbst erfunden haben, zum Teil nicht, weil sie sich über eine Art Darwinschen Prozeß entwickelt haben. Die Dinge, für die sie sich interessieren, sind durch einfache Eigenschaften wie Geruch und Farbe gekennzeichnet, oder durch abstraktere Definitionen wie die Periodizität der Färbung oder die Symmetrie des Umrisses. Diese formalen Eigenschaften können sogar für noch abstraktere Definitionen stehen, wie im Fall der bilateralen Symmetrie, die die Situation „Jemand will etwas von mir" bedeutet. Einige unserer Vehikel bewegen sich auf glatten Bahnen umher, als würden sie von den Quellen verschiedener, sich überlagernder Kräftefelder angezogen und abgestoßen. Andere scheinen Entscheidungen zu fällen, die sie plötzlich aus einem phlegmatischen Zustand reißen und sie veranlassen, sich in gelegentliche Abenteuer zu stürzen, wonach sie in ihren Ruhezustand zurückfallen. Sie scheinen ihre Umgebung ziemlich gut zu kennen, da sie manche Objekte sozusagen mit geschlossenen Augen erreichen, so daß man bei ihnen wohl eine innere Landkarte annehmen muß, auf der die Lage der Gegenstände verzeichnet ist. Im Ganzen sind diese Wesen überraschend geschickt, besonders wenn man die begrenzte Intelligenz bedenkt, die wir selbst, ihre Schöpfer, in sie investiert haben.

Aber können sie denken? Ich muß offen gestehen, wollte jemand dies behaupten, so würde ich Einspruch erheben. Mein Hauptargument wäre dabei folgendes. So lange ich sie auch beobachtete, kein Exemplar in dem ganzen Vehikel-Zoo fand bei irgendeinem Problem eine Lösung, die mir neu vorkam, die ich gerne in mein eigenes geistiges Instrumentarium aufnehmen würde oder die mich, falls ich sie schon kannte, an einen Ge-

danken erinnerte, der mir selber früher schon durch den Kopf
gegangen war. Ich erwarte etwas mehr Originalität im Denken.
Wenn sie fehlt, würde ich höchstens von vernünftigem Verhalten
sprechen, nicht von Denken. Selbst wenn ich beobachtete, daß
ein Vehikel ein Problem auf eine für mich neuartige Weise gelöst
hat, würde ich eher vermuten, einer meiner schlauen Mitarbeiter
habe diese Fertigkeit in das Vehikel eingebaut. Ich müßte die
Klugheit schon aus dem Nichts entstehen sehen oder doch aus
nicht ganz so klugen Voraussetzungen, bevor ich den Schluß
zöge, daß jemand gedacht hat.

Das bedeutet aber nicht, daß wir keine Wesen erschaffen
könnten, die dieser Bedingung genügen. Wir gehen das schritt-
weise an und beginnen mit dem Problem, *Ideen zu haben*.
Nehmen wir ein Vehikel der Sorte 7, das mit den Mnemotrix-
Verknüpfungen, in denen Erfahrung im Gehirn festgelegt wird.
Dieses Vehikel hat sich schon eine Weile herumgetrieben und
dabei eine ganze Menge Wissen über die Welt angesammelt.
Dieses Wissen liegt in Form von statistischen Korrelationen
zwischen elementaren Ereignissen im Sinnesraum des Vehikels
vor oder zwischen komplexeren Ereignissen, die durch einzelne
Schwellenelemente signalisiert werden (oder auch zwischen
elementaren und komplexen Ereignissen).

Nehmen wir an, das Vehikel habe gelernt, daß gewisse
Objekte A, B, C, D ... sich nahe dem Rand des Tisches, auf dem
es lebt, befinden: ein zusammengebrochenes Vehikel, eine
Lichtquelle, eine Batterie, ein Hügel, ein Schraubenvorrat usw.
Es hat gelernt, diese Dinge mit dem Begriff „Rand des Universums“, „gefährlicher Steilabfall“ zu assoziieren. Bei gele-
gentlichen Ausflügen zum Rande des Universums sind ihm auch
die Nachbarschaftsverhältnisse zwischen je zweien dieser Dinge
aufgefallen: Die Schrauben liegen in der Nähe des Hügels, das
Licht bei der Batterie usw. Nun erkennt das Vehikel nach einer
ausreichenden Anzahl von Exkursionen eines Tages plötzlich,
daß alle diese paarweisen Assoziationen, A nahe B, B nahe C ...,
Z nahe A, einen neuen Sinn ergeben, wenn man sie als eine
geschlossene Kette sieht. Das Vehikel hat die Idee eines endlichen begrenzten Universums erfaßt, mit Objekten von A bis Z, die
die geschlossene Grenzlinie markieren. Ist dieses „Bild“, diese
„Idee“ einmal aus isolierten Wissensbruchstücken zusammenge-

setzt worden, dann bleibt es erhalten. Es kann natürlich auf der bereits besprochenen Landkarte eingezeichnet werden, und wir werden von nun an beobachten, daß sich das Wesen viel zielsicherer umherbewegt als zu der Zeit, bevor ihm diese Idee kam.

Wir müssen darauf achten, daß der Vorgang der Gewinnung von neuen Ideen nicht in Konflikt gerät mit der Speicherung des detaillierten Wissens, das unser Wesen im Lauf seines Lebens gesammelt und in zahllosen assoziativen Verknüpfungen im Innern seines Gehirns aufgehoben hat. Das passiert bekanntlich auch bei manchen Menschen, die nichts lieber tun als Ideen allgemeiner Art zu entwickeln; sie neigen dazu, viele Einzelfälle in allgemeine Kategorien einzuordnen, und benutzen die Kategorien dann wie Gegenstände. Dabei entgeht ihnen die Chance, später vielleicht auf bessere Kategorisierungen zu kommen, was so lange möglich ist, wie im Gedächtnis die Spuren jedes einzelnen Erlebnisses sorgsam aufbewahrt werden.

Ich sehe diese Gefahr in dem Beispiel von der Entdeckung der Grenzen des Universums, über das wir gerade sprachen. Die Idee von einer geschlossenen Kette von Gegenständen kann so stark sein, daß sie die Bilder dieser Dinge im Gehirn des Vehikels permanent wach hält. Das hat zur Folge, daß sich von jedem Objekt am Rande des Universums zu jedem anderen eine assoziative Verbindung ausbildet. Die nachbarliche Ordnung, die ursprünglich zur Idee einer ringförmigen Anordnung führte, geht dabei verloren oder wird verschüttet in einem System von viel stärkeren, massiveren Assoziationen. In unserem Fall wäre ein Ausweg dieser, daß wir die Erregung in der geschlossenen Assoziationskette zirkulieren lassen. Das würde diejenigen Assoziationen verstärken, die die Reihenfolge der Dinge repräsentieren, und die Entwicklung von Querverbindungen verhindern.

Hier noch ein weiteres Beispiel für eine Idee, die sich in einem Vehikel formen könnte. Auf dem Boden des Vehikel-Universums liegen Münzen verstreut. Einige sind mit dem Bild eines menschlichen Kopfes verziert, die anderen mit einer Zahl. Eines unserer Vehikel hat bereits gelernt, die zwei Münzentypen zu erkennen und zu unterscheiden, das heißt, es zeigt unterschiedliche Aktivitätsmuster, wenn sein Sehapparat die eine oder andere Sorte von Münzen vor sich hat. Nun geschieht es, daß eine der Münzen mit Kopf von unserem Vehikel umgedreht wird und plötzlich die Zahl zeigt. Das geschieht wieder und wieder, bis sich über den Lernprozeß, den wir in unserem Vehikel bereits eingebaut haben, die Assoziation „Kopf, umdrehen, Zahl" bildet. Natürlich wirkt die Assoziation auch andersherum: ist sie einmal ausgebildet, so weiß das Vehikel, daß das Kopfbild zu sehen sein wird, wenn es den Akt des Umdrehens zu dem Anblick von „Zahl" hinzufügt. Die Assoziation kann auch durch die umgekehrte Erfahrung verstärkt werden, beim Umklappen von Münzen, die zunächst die Zahl zeigen. Den gesamten Komplex von Kopf-umdrehen-Zahl und Zahl-umdrehen-Kopf können wir die *Idee* einer Münze mit zwei Seiten nennen. Sie entsteht in dem Vehikel, obgleich die zwei Seiten einer Münze nie gleichzeitig gesehen werden können. Und sie kann sogar dann entstehen, wenn ein paar Münzen herumliegen, die auf beiden Seiten das Bild eines Kopfes zeigen, solange sie dem Vehikel nicht während der Phase der „Ideenbildung" begegnen.

Noch ein Beispiel. Einem Vehikel, das sich durch einen Garten bewegt, fällt auf, daß in einer Reihe die Blume Nr. 1 eine Nahrungsquelle ist, Blume 2 bis 7 nicht (sie sind giftig), Blume 8 ist wieder eine Nahrungsquelle und ebenso Blume Nr. 15, 22 usw. Man kann sich gut vorstellen, daß im Hirn des Vehikels nur eines von sieben Schwellenelementen, die miteinander in ringförmiger Anordnung verbunden sind, immer in zeitlicher Übereinstimmung mit dem Auffinden einer Nahrungsquelle in einer Blume aktiv wird. Auch das führt zur „Ideenbildung": Dieses besondere Schwellenelement wird mit dem Nahrungsfindungssystem verknüpft, was den Vorteil mit sich bringt, daß das Vehikel Nahrungsquellen vorhersagen kann, ohne viel Zeit und Mühe für das Herumriechen aufzuwenden. Wir müssen dafür natürlich annehmen, daß die Zeit, die die Schwellenelemente brauchen, um nacheinander aktiv zu werden, genau dieselbe ist wie die Zeit, in der das Vehikel von einer Blume zur nächsten kommt, oder noch besser, daß jedes Fortschreiten der Aktivität um einen Schritt im Ring der Schwellenelemente durch eine Blume ausgelöst wird. All das ist im Prinzip nicht kompliziert, doch im einzelnen lästig auszuführen. Wir verlassen uns auf den Prozeß der Darwinschen Selektionen, die, ausgehend von den Wesen der Sorte 6, eine große Vielfalt verschiedener Verknüpfungsmuster einführte, ohne daß wir es —

außer an der stark gewachsenen Komplexität des Verhaltens —
überhaupt bemerkten. Wir können uns gut vorstellen, daß das
Vehikel auch dann eine Idee bildet, wenn nur die Blumen eßbar
sind, deren Ordnungszahlen Quadrate von ganzen Zahlen oder
Primzahlen sind. Dabei ergibt sich allerdings eine gewisse
Schwierigkeit. Bei kleineren Zahlen kann das Vehikel die Frage,
ob es sich um eine Primzahl oder etwa um eine Quadratzahl
handelt, ruhig im Kopf lösen. Bei größeren Zahlen, die sein
Fassungsvermögen übersteigen, müßte es aber bei jeder Blume
einen langen und komplizierten Tanz aufführen, nach einem
bestimmten Rechenschema Marken auf dem Boden hinter-
lassend, um diese Marken dann wieder abzulesen und vielleicht
zu löschen und neue Marken zu setzen und am Schluß zum
korrekten Ergebnis zu kommen. Dies ist möglich, wie wir
bereits am Ende des Kapitels über Wesen 5 gesehen haben, das
auch gewissen Beschränkungen seines Rechenvermögens unter-
lag. Solche Schwierigkeiten treten nicht auf bei der Frage, ob
eine Zahl gerade oder ungerade, ein Vielfaches von 6 oder von
11 ist, solange das Vehikel bis 11 zählen kann.

In diesem Kapitel waren wir nur an der allgemeinen
Vorstellung der „Ideenbildung" interessiert. Diejenigen, die
genau wissen wollen, welche Art der Vernetzung von Schwellenelementen die Voraussetzung ist, um quadratische, Prim- oder
andere Zahlen zu berechnen, müssen das in den Lehrbüchern der
Automatentheorie nachlesen.

Wesen 11
Gesetze und Regelmäßigkeiten

Die meisten von Ihnen werden noch nicht davon überzeugt sein, daß der Prozeß der Ideengewinnung, wie er im vorigen Kapitel beschrieben ist, irgend etwas mit Denken zu tun hat. Es überrascht uns nicht, werden Sie sagen, daß im Mechanismus eines ziemlich komplizierten Gehirns gelegentlich etwas einrastet und daß von da an dieses Gehirn einen Trick beherrscht, einen Algorithmus, wie manche sagen, vermittels dessen es komplizierte Sequenzen von Zahlen oder anderen Bildern zu erzeugen vermag. Es überrascht auch nicht, daß diese Sequenzen gelegentlich Ding- oder Ereignisfolgen in der Welt des Vehikels widerspiegeln.

Dies ist allerdings nur ein Schritt in die Richtung eines an Denken erinnernden Verhaltens. In den folgenden Kapiteln führen wir weitere Elemente des Denkprozesses ein, stellen neue Vehikel her, um neue Fertigkeiten und neue Funktionsweisen vorzuführen. Am Ende, im letzten Kapitel, überraschen uns unsere Wesen mit der Fähigkeit zu echter Gedankenproduktion.

Wesen 11 wollen wir mit einem Gehirn ausstatten, von dem man — in einem radikaleren Sinne als bei den vorherigen Ausführungen — sagen kann, daß es ein Modell der Welt darstellt. Wir haben bereits Teilaspekte dieser Modellidee ausgeführt, als wir über die Nützlichkeit innerer Karten sprachen, auf denen externe Räume dargestellt sind (Wesen 8), oder als wir einen Lernprozeß beschrieben (Wesen 7), der Dinge in der Umwelt aufspürt und für sie innere Modelle, sogenannte Begriffe, einsetzt. Doch das ist noch nicht genug. Diese Dinge bewegen sich umher, stoßen gegeneinander, assoziieren und dissoziieren sich, wachsen, zerbrechen usw. Bis jetzt vermißten wir diese dynamischen Aspekte allesamt.

Wir führen die Dynamik ein, indem wir das System von Mnemotrix-Verknüpfungen, die wir schon bei dem Vehikel der Sorte 7 verwendeten, verbessern. Sie erinnern sich daran, daß diese Verknüpfungen zwischen Elementen im Gehirn des Vehikels verschiedene Stärken hatten und immer dann effektiver wurden, wenn die durch sie verbundenen Elemente öfters gemeinsam aktiv waren. Dies erwies sich als sehr praktisch, da viele Tatsachen dieser Welt, die uns (und den Vehikeln) interessant und wichtig erscheinen, in der simplen Form ausgedrückt werden können: Dinge oder Ereignisse, die gewöhnlich gemeinsam auftreten. Deshalb ist es unwahrscheinlich, daß wir die Fähigkeit des assoziativen Lernens bei der Entwicklung von noch ausgeklügelteren Vehikeln aufgeben werden.

Aber wir entdecken bald, daß sich andere, bedeutsame Fakten, die die Welt betreffen, in ganz anderer Form ausdrücken lassen: Ereignisse, die sich nicht gleichzeitig darbieten, sondern aufeinander folgen: Ereignispaare, von denen eines immer zuerst, das andere als zweites auftritt, wie Blitz und Donner, einen Hammer schwingen und den Nagel treffen, eine Nahrungsquelle aufsuchen und die Nahrung schmecken. Wenn wir ein solches Ereignispaar entdecken, sind wir versucht zu denken, eines sei die Ursache des anderen, was immer man darunter verstehen mag; doch kann das leicht zu falschen Schlüssen führen, zum Beispiel wenn beide Ereignisse von einem dritten mit unterschiedlichen Verzögerungen ausgelöst werden. In den meisten Fällen ist es jedoch kein Zufall, wenn zwei Ereignisse regelmäßig nacheinander auftreten, und es ist sicherlich gut für ein Vehikel, Ereignisse zu erkennen, die wichtige, möglicherweise gefährliche Folgen nach sich ziehen.

Wir könnten auf unseren alten Mnemotrix-Draht zurückgreifen und eine elektronische Schaltung bauen, um auch das regelmäßige Nacheinander von Ereignissen, das wir eben beschrieben haben, im Gehirn des Vehikels festzuhalten. Was wir erreichen wollen, ist eine Verknüpfung zwischen den zwei inneren Repräsentanten eines Ereignisses A und eines Ereignisses B, so daß, wenn Repräsentant A durch seinen Schlüsselreiz aktiviert wird, Repräsentant B durch A über die Verknüpfung zwischen den beiden mitaktiviert wird, aber nicht umgekehrt. Die Verknüpfung würde dann der Tatsache entsprechen, daß „B oft auf A folgt", oder, wenn Sie wollen, der Kausalbeziehung zwischen A und B. Dies würde uns zwingen, für jede solche Verknüpfung eine recht komplizierte Verdrahtung

vorzunehmen. Um unsere konstruktive Vorstellungskraft nicht
zu sehr zu belasten, ziehen wir es vor, eine andere Drahtsorte zu
kaufen, Ergotrix genannt; er hat die Eigenschaft, nur in einer
Richtung leitend zu werden, wenn er zwischen Elementen
geschaltet wird, die innerhalb kurzer Zeit nacheinander aktiv
werden. Wichtig ist, den Draht in der richtigen Richtung einzu-
legen: Er soll von dem Element, das meist als erstes aktiv wird,
zu dem leiten, das danach aktiv wird. Doch wir sorgen wieder
dafür, daß dies alles automatisch geschieht. Wir verlegen eine
ganze Menge Ergotrix-Draht paarweise zwischen so vielen
Elementen wie möglich, so daß möglichst viele Folgen, die
irgendwann auftreten werden, vom System erfaßt werden
können. Es wird an Gelegenheiten zu lernen nicht fehlen. Bei all
der Bewegung in der Welt rings um das Vehikel, bei all den
herrschenden Naturgesetzen und den anderen Wesen, die sich
kraft ihrer von uns (oder von der Evolution) eingebauten
Fähigkeiten ziemlich geregelt verhalten, wiederholen sich viele
Ereignisfolgen und erweisen sich als wert, gelernt zu werden.

Sie mögen fragen, warum wir den Ergotrix-Draht nicht
gleich (bei Wesen 7) verwendet haben, als wir unseren Vehikeln
zum ersten Mal die Gelegenheit zum Lernen gaben, ausgehend
von jenen Bündeln von Eigenschaften, die oft zusammen auftreten, weil sie zu ein und derselben Sache gehören. Der Draht
Mnemotrix schien uns ideal für Assoziationen, da er Elemente in
symmetrischer Weise paart, so daß von zwei Dingen, sind sie
einmal paarweise verbunden, jedes das andere auf genau die
gleiche Art aufrufen kann. Wir hätten jede Mnemotrix-Verbin-
dung durch zwei Ergotrix-Drähte ersetzen können, einen für
jede Richtung, und hätten damit das gleiche Ergebnis erzielt. Es
wäre jedoch sicherlich keine vernünftige Strategie, die bisherige
Entwicklung rückgängig zu machen, um das zu ändern, was sich
bereits als erfolgreich erwiesen hat, denn wir könnten dabei
Vorteile verlieren, von denen wir noch nichts wissen (erinnern
Sie sich nur an das Gesetz von der leichten Synthese und der
mühsamen Analyse: Wir laufen Gefahr, nicht mehr zu durchschauen, was wir selbst zuvor zusammengefügt haben). Es ist
wahrscheinlich klug, die beiden Prozesse begrifflich auseinanderzuhalten, einerseits die Assoziation elementarer Eigenschaften
zu Dingen oder Begriffen, andererseits die Aufeinanderfolge

von Begriffen; das erste ist die Aufgabe des Mnemotrix-, das zweite die des Ergotrix-Systems. Die beiden Arten des Lernens führen zu zwei unterschiedlichen Formen von Wissen, wie Geographie und Geschichte, systematische Zoologie und tierisches Verhalten, je nachdem, ob davon die Rede ist, welche Dinge existieren, oder davon, wie sich diese Dinge entwickeln und aufeinander wirken.

Lassen wir unsere Einbildungskraft spielen und im einzelnen herausfinden, welche Art von Gegenständen das Mnemotrix-System in einer realen Welt entdecken kann und welcher Art die dynamsichen Gesetze sind, die im Ergotrix-System festgehalten werden. Wir entdecken bald, daß die beiden Formen von Wissen enger miteinander verbunden sind, als wir aus Gründen der begrifflichen Vereinfachung angenommen hatten. Zunächst scheint es, daß der Prozeß der Abstrahierung von Dingen aus dem Umfeld, also die Bildung elementarer Begriffe, der Entdeckung von dynamischen Eigenschaften dieser Dinge vorausgehen muß; und zwar deshalb, weil die Gesetze der Ereignisfolge sich eher auf die Entwicklung und die Bewegung von ganzen Dingen als auf die ihrer elementaren Bestandteile beziehen. Dies ist uns von unserer eigenen menschlichen Erfahrung her geläufig. Wenn wir eine neue Sprache lernen wollen, müssen wir zuerst einzelne Worte ausmachen, oder Wortstämme — so etwas wie die Morpheme der Linguistik —, bevor wir auch nur erwarten können, die ihren Gebrauch regelnden Gesetze herauszufinden. Auch bei der Entwicklung von Wissenschaften ist es so, daß die Entdeckung von Phänomenen und ihre Benennung der Aufstellung ihrer Umformungsregeln vorausgeht. Die Chemie durchlief eine beschreibende Phase, bevor die physikalischen Gesetze, die der Vielfalt der Substanzen zugrundeliegen, erfaßt werden konnten. Die Zoologie mußte taxonomisch vorgehen, bevor sie durch die Theorie der Evolution strukturiert wurde.

Aber auf der anderen Seite ist rein beschreibende Klassifikation nicht nur langweilig, sondern kann auch zu den falschen Kategorien führen, wenn sie nicht wenigstens intuitiv von einer Theorie der zugrundeliegenden Prozesse geleitet wird. Ein Jahrhundert der mikroskopischen Anatomie hat die Bibliotheken mit tausenden von hübsch illustrierten Bänden gefüllt, die jetzt kaum noch benützt werden, weil die beschreibenden

Kategorien der alten Histologie durch die neuen Begriffe der biochemischen Zytologie längst überholt wurden. Nun zeigt sich an dem eben erwähnten Beispiel aus der Linguistik, mit Wortstamm, Morphem oder Wort als dem elementaren Sprachsegment, das gelernt werden muß, daß auch das Gegenteil richtig sein kann. Es stimmt zwar, daß diese bedeutungstragenden Segmente in manchen Sprachen (z. B. weitgehend im Englischen) mit akustisch genau definierten Abschnitten, den Silben, zusammenfallen, die auch der naive Hörer wiedererkennt, aber es ist sicher genauso wahr, daß sich eine bessere, allgemeinere Definition von Morphemen oder Worten aus der Grammatik herleitet. Worte (ich benutze diesen Ausdruck etwas vereinfacht) sind die Segmente der Sprache, die wir als kleinste grammatikalische Bestandteile erkennen, und wenn wir keine Vorstellung oder Erfahrung mit Grammatik hätten, könnte es passieren, daß wir nie entdecken, daß dies die Elemente sind, aus deren Kombination Sätze gebildet werden. Wir würden vielleicht eine andere, unkorrekte Sprachsegmentierung vornehmen, z. B. eine Segmentierung in einsilbige Wörter in einer Sprache, deren Bedeutungsträger mehrsilbige Wörter sind. Wörter werden insofern bedeutungsvoll, als man ihre Verwendung in einem grammatikalischen System entdeckt.

Anders ausgedrückt: Bedeutungstragende Teile (Dinge, Ereignisse) aus dem Umfeld herauszulösen und die Gesetzmäßigkeit ihres Auftretens zu erkennen, sind zwei Prozesse, die sich gegenseitig bedingen und notwendigerweise miteinander verbunden sind, wie das Erlernen des Vokabulars und das Erlernen der Grammatik in einem Sprachkurs.

Zurück zu Vehikel 11. Es ist sicher vernünftig, die Entdeckungen des Ergotrix-Systems Einfluß nehmen zu lassen auf den Lernprozeß im Mnemotrix-System, von dessen primären Abstraktionen es seinerseits abhängig ist. Ich möchte das nicht im einzelnen ausarbeiten, aber so etwas wie das folgende Schema wäre durchaus möglich. Die Bedingungen für die Verstärkung eines Ergotrix-Drahtes haben wir bereits beschrieben, sie sind gegeben, wenn an einem Ende des Drahtes ein Element, sagen wir ein Schwellenelement, kurz vor dem Element am anderen Ende aktiv wird. Nun haben wir gesehen, daß meist Gruppen solcher Elemente sukzessiv aktiv werden, die untereinander starke Verknüpfungen aufweisen und „Dinge" repräsentieren. Wir führen die Regel ein, daß gemeinsam mit der Verstärkung der Ergotrix-Drähte auch die Mnemotrix-Drähte innerhalb jeder dieser Gruppen verstärkt werden.

Damit werden besonders dann Begriffe in das Vehikel aufgenommen, wenn sie in regelmäßiger Folge auftreten. Wie würde das für den Beobachter aussehen? An dem ansonsten undurchschaubaren Verhalten eines Wesens in seiner Welt fiele ihm auf, daß es besonders deutlich ausgebildete Reaktionen bei Ereignissen zeigt, die regelmäßig bestimmte Folgen haben. Die Situation eines Vehikels, das mit hoher Geschwindigkeit auf ein Hindernis zufährt, ist ein solches folgenschweres Ereignis. Wir sind nicht überrascht darüber, daß der Wahrnehmung einer Kollisionsgefahr eine schnelle Reaktion folgt. Gleichermaßen lernt Wesen 11 bald, welche seiner eigenen Verhaltensmuster bei anderen Wesen starke Reaktionen auslösen. Was wir beobachten, ist, daß das Vehikel nach einer anfänglichen Lernphase solche folgenschwere Verhaltensweisen besonders oft zeigt oder vielleicht gerade vermeidet. Wesen 11 lernt auch jene Anzeichen zu erkennen, die bei einem anderen Wesen regelmäßig einem bestimmten Verhalten vorausgehen. Wir beobachten, daß es auf diese Vorzeichen jetzt genauso reagiert wie vor dem Lernvorgang auf das ihnen regelmäßig folgende Verhalten.

Doch es bedürfte sicherlich ausgedehnter Beobachtungen, um diesen Aspekt des Lernens bei den Vehikeln zu erfassen. Höchstwahrscheinlich wäre er uns überhaupt nicht aufgefallen, hätten wir in die Konstruktion dieser Vehikel nicht ein Stück unserer eigenen Philosophie eingebracht. Mit der zunehmenden Komplexität des Verhaltens unserer geistigen Kinder bestätigt sich das „Gesetz von der leichten Synthese und der mühsamen Analyse" immer mehr.

Der gegenwärtige Stand der Dinge ist dieser: Da Sie mit den ersten, mageren Anzeichen von Intelligenz bei unseren Wesen nicht zufrieden waren, fingen wir an, die Vehikel durch weitere Fähigkeiten zu verbessern, in der Hoffnung, Sie etwas mehr zu überzeugen. Wir versuchten es zuerst mit der Kodierung der Umgebung in Codewörtern, die ein Maximum an logischer Struktur erkennen lassen, mit anderen Worten, in möglichst bedeutungsträchtigen Begriffen.

Wesen 12
Verkettung von Gedanken

Als Kritiker können Sie leicht behaupten, daß Ihnen bisher an unseren Vehikeln nichts aufgefallen ist, was über das gewöhnliche Lernen hinausgeht. Sicher scheinen diese Geschöpfe immer besser mit den Widrigkeiten ihrer Umwelt zurechtzukommen, nicht nur infolge der Darwinschen Selektion, sondern auch durch eigene aktive Aufnahme von Information über die Welt. Aber Denken ist etwas anderes. Es ist ein Vorgang, der sich über einen langen Zeitraum erstrecken kann, wie jeder weiß, der sich selbst schon bewußt beim Denken beobachtet hat. Man kann das Denken auch bei anderen Personen verfolgen, wenn sie uns verbale oder sonstige Evidenz für die Aufeinanderfolge ihrer geistigen Zustände vermitteln, die, geleitet von plausiblen Zusammenhängen oder logischen Kriterien, nacheinander verschiedene Sackgassen erforschen und eventuell am Ende zu einem Ergebnis führen. Manchmal glauben wir solche geistigen Operationen sogar bei einem Affen oder einem Hund zu beobachten, aber bisher noch nicht bei unseren künstlichen Wesen.

In einer neuen Vehikelsorte, die wir Wesen 12 nennen, führen wir nun die Möglichkeit ein, lange Folgen verschiedener Zustände im Gehirn ablaufen zu lassen, um das bereits aufgenommene Wissen durchzuarbeiten und dabei vielleicht neue Zusammenhänge zu entdecken.

Vorab eine Bemerkung zur Pathologie. Alle unsere Vehikel komplexerer Bauart, beginnend mit dem Typ 7, laufen ständig Gefahr, in einen Zustand zu geraten, der der Epilepsie analog ist, einer der häufigsten Entgleisungen der Funktion von tierischen und menschlichen Gehirnen. Die Verstärkung der Verknüpfungen zwischen Gehirnelementen, die ja die Grundlage des assoziativen Lernens ist, zieht die Gefahr unkontrollierter gegenseitiger Aktivierung nach sich. Wenn in einer Population von Elementen mit zahlreichen exzitatorischen Verknüpfungen die Anzahl aktiver Elemente ein gewisses kritisches Niveau erreicht,

kann es vorkommen, daß auch die restlichen Elemente aktiv
werden und ihrerseits wiederum die ersten erregen. Das Ganze
schaukelt sich dann zu einer maximalen allgemeinen Aktivierung auf, die andauert, bis der Energievorrat erschöpft ist. Diese
maximale Aktivierung ergibt in der Sprache der Information,
mit der das Gehirn normalerweise umgeht, keinen Sinn, da diese
ja aus Mustern von partieller Aktivierung der Gehirnelemente
besteht. Das Ergebnis ist notwendigerweise ungeordnetes,
wirkungsloses Verhalten. Es gibt verschiedene Wege, dieser
Gefahr zu begegnen, von denen ich für unsere Wesen folgenden
vorschlage.

Wir lassen jedes Schwellenelement im Gehirn des Vehikels
von einem Spezialdraht berühren, über den wir seine Schwelle
einstellen können. Setzen wir die Schwelle hoch, dann werden
die Schwellenelemente nur dann aktiv, wenn sie vom Eingang,
der von anderen Schwellenelementen oder von den Sensoren
kommt, eine starke Erregung erhalten. Bei niedrigerer Schwelle
dagegen genügt eine schwächere Erregung. Auf diese Weise können wir, indem wir die Tätigkeit des Gehirns und besonders
seine Gesamtaktivierung beobachten, durch die Anhebung
sämtlicher Schwellen stets einen epileptischen Anfall verhüten.
Bei geringer Aktivität senken wir die Schwellen aller Elemente
und unterstützen damit den Signalfluß im Gehirn. Das können
wir natürlich auch ganz einfach automatisieren. Alles, was wir
dazu brauchen (Abb. 18), ist eine Kiste, deren Eingangssignal
die momentane Anzahl aktiver Elemente ist und die entsprechend die Schwellen berechnet und für das ganze Gehirn festlegt. Als Eingang für diese Schwellenregelung könnten wir auch
die momentane Änderung der Zahl von aktiven Elementen
wählen, um dem Mechanismus Gelegenheit zu geben, die
katastrophale Explosion der Aktivität vorauszusehen und recht-
zeitig gegenzusteuern, doch reicht es für unsere Zwecke, wenn
wir uns vorstellen, daß einfach die Gesamtzahl aktiver Gehirnelemente in die Schwellenregelung eingeht.

Die Auswirkung dieser globalen negativen Rückkopplung
auf die Aktivität eines Vehikelgehirns ist in Abb. 19 dargestellt.
Die Abbildung zeigt die Zahl aktiver Elemente zu einer Zeit $i+1$
als Funktion dieser Zahl zum vorherigen Zeitpunkt i. Wenn das
Aktivitätsniveau niedrig ist, hat man im nächsten Augenblick

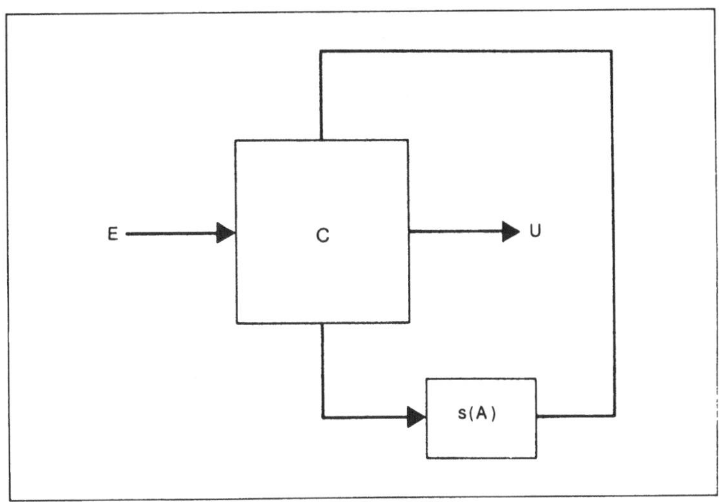

Abb. 18 C ist das Gehirn, das einen Eingang E empfängt und einen Ausgang U abgibt. Gleichzeitig signalisiert es sein inneres Aktivitätsniveau A an einen besonderen Kasten, der die Schwellen s für die Elemente in C berechnet.

auch wieder wenig Aktivität. Bei ganz schwacher Erregung stirbt die Aktivität vielleicht sogar ab, da eine minimale Dichte von aktiven Elementen erforderlich ist, um die nächste Schar von Elementen zu aktivieren, doch ist dies auf Abb. 19 nicht dargestellt. Bei sehr hoher Erregung, d. h. wenn eine große Anzahl von Elementen aktiviert ist, können wir uns vorstellen, daß die Schwellen sofort so hoch gesetzt werden, daß im nächsten Augenblick die Aktivität wieder ganz abfällt. Mittlere Aktivitätsniveaus führen im nächsten Schritt zu maximaler Aktivität (mittlerer Teil der Kurve in Abb. 19). Wir werden auf diese Kurve noch zurückkommen, da sie interessante philosophische Aspekte hat. Zuerst beobachten wir aber die Operationen eines Gehirns mit vielen erlernten assoziativen Verknüpfungen, während es unter der Wirkung einer solchen Schwellenregelung steht.

Wir haben bereits festgestellt, daß das Vehikelgehirn wegen des Überflusses an gegenseitiger Aktivierung zwischen seinen Elementen zu explosiven Aktivitätsausbrüchen neigt, eine

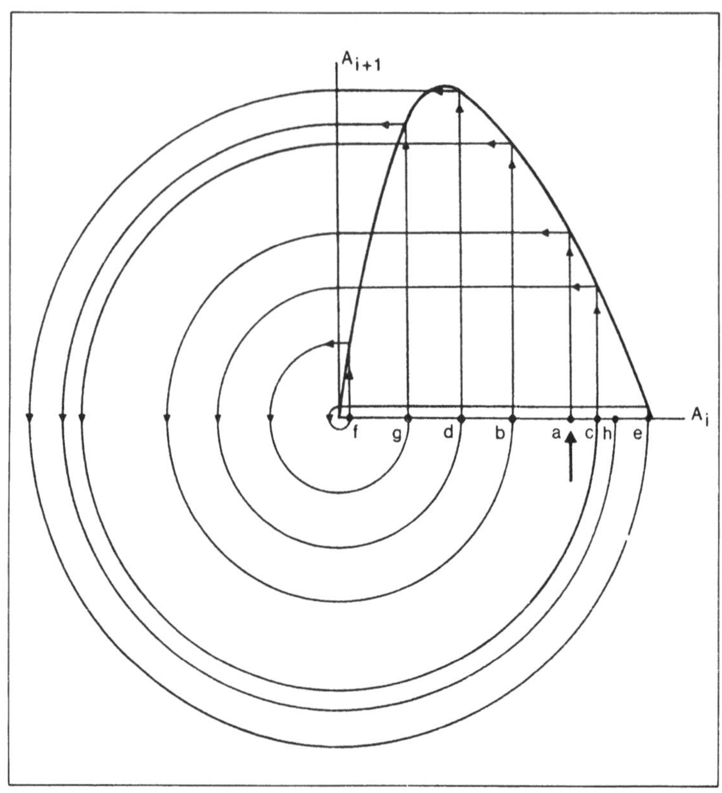

Abb. 19 Das Bild zeigt die Funktion, die die nächste Anzahl aktiver Elemente A_{i+1} bei einer gegebenen Anzahl aktiver Elemente A_i beschreibt. Durch Wiederholung (folgen Sie den Linien, die von dem Pfeil neben Punkt a ausgehen) sieht man, daß die Zustände eines von diesem Gesetz kontrollierten Gehirns ganz unvorhersehbar sind.

Situation, die an die Kettenreaktion in einem Uranblock erinnert. Doch sollten die meisten dieser Explosionen im Normalbetrieb auf gewisse Gruppen von Schwellenelementen begrenzt bleiben, die durch besonders starke assoziative Verknüpfungen ausgezeichnet sind. Solche Ensembles von Elementen dienen als „Begriffe", in deren die oft dargebotenen Dinge oder Ereignisse der Umwelt im Gehirn dargestellt sind.

Wir lassen nun ein solches Ding im Sinnesraum von Vehikel 12 erscheinen. Die Aktivität explodiert dann in demjenigen

Ensemble von Schwellenelementen, das für den entsprechenden Begriff zuständig ist. Das bedeutet natürlich ein Anwachsen der Zahl aktiver Elemente im Gehirn. Die Schwellenregelung reagiert darauf sofort mit einer Erhöhung aller Schwellenwerte. Dadurch werden viele Elemente, die vorher aktiv waren, stillgelegt, doch diejenigen, welche zu dem angesprochenen Begriff gehören, bleiben wahrscheinlich aktiv. Das ist anzunehmen wegen der starken reziproken Verbindungen innerhalb des Ensembles, die, einmal aktiviert, jedem Element ein hohes Erregungsniveau garantieren, so hoch, daß die Aktivität des Ensembles die Schwellenerhöhung überleben kann. Also ist der erste interessante Effekt der Schwellenregelung die Fokussierung einzelner Begriffe. das Hervorheben von Mustern, die ihren eigenen inneren Zusammenhalt haben, auf Kosten der Hintergrundaktivität. Das ist eine Fähigkeit, die wir bei einem gutfunktionierenden menschlichen Gehirn sehr schätzen, wo sie oft die „Fokussierung der Aufmerksamkeit" genannt wird.

Aber das ist noch nicht alles. Sie erinnern sich, daß wir neben dem Mnemotrix-Draht eine Menge Ergotrix-Draht zur Begriffsbildung in unser Vehikel eingeführt haben, der innerhalb des Gehirns die Beziehung von zeitlicher Aufeinanderfolge, von Kausalität oder Konsequenz, repräsentiert. Somit stehen auch die Elemente, die jetzt, nach der automatischen Schwellenerhöhung, in dem einsamen überlebenden Ensemble aktiv sind, über Ergotrix-Draht mit anderen Elementen in Kontakt, die oft kurz nach ihnen aktiviert wurden. Diese Elemente repräsentieren sozusagen die Folgen des gegenwärtigen aktiven Begriffs. Dementsprechend empfangen sie Erregung von den zur Zeit aktiven Elementen.

Offensichtlich gibt es in fast jeder Situation mehr als nur einen möglichen nächsten Schritt, und wir müssen uns fragen, wie das Gehirn des Vehikels nach dem einen Begriff, den es jetzt gerade festhält, unter den vielen möglichen den nächsten findet. Es sieht so aus, als würde die Entscheidung ganz automatisch geschehen. Unter all den Elementen, die der erste Begriff über Ergotrix-Drähte aktiviert, befinden sich einige, die untereinander ebenfalls stark durch Mnemotrix-Draht verbunden sind, weil auch sie wieder Begriffe darstellen. Diese werden natürlich mit besonderer Bereitwilligkeit zünden, da ihre gegenseitige Erregung der vom gegenwärtig aktiven Begriff ausgehenden Aktivierung einen explosiven Schwung verleiht. Nun sehen Sie schon, was passiert. Die Schwellenkontrolle, alarmiert durch das erneute plötzliche Anwachsen der Aktivität, setzt schnell die Schwellen herauf, erstickt damit die meiste Aktivität und läßt wieder nur das kräftigste Ensemble von Elementen überleben. Das aber ist, wie wir schon wissen, das Ensemble mit der stärksten internen Verknüpfung. In Begriffen ausgedrückt: Der nächste Begriff unter all den möglichen Folgen des ersten wird der am besten etablierte oder bekannteste sein, der am stärksten in der Erfahrung verankert ist.

Beachten Sie, daß die Schwellen unter dem Einfluß all dieser angedeuteten oder erfolgten Explosionen über das Niveau gestiegen sind, auf dem sie sich beim vorausgehenden Begriff befanden, so daß dieser selbst wahrscheinlich ausgelöscht wurde. Das System kann damit nicht in seinen Ausgangszustand zurückschwingen, sondern wird sich auf einen anderen Begriff einstellen.

Dieser neue Begriff wird seine eigenen Folgen haben, festgehalten in Form von Ergotrix-Verbindungen. Das wiederum wird auf dem Weg der eben beschriebenen Ereignisabfolge zu einem neuen Begriff führen, und so weiter, so lang Sie es wünschen oder so lang die Begriffskette nicht zu ihrem Ausgangspunkt zurückführt. Das Ganze ist dem Denken sehr verwandt, diesem unserer Introspektion so vertrauten Prozeß, in dem Bilder aufeinanderfolgen nach Gesetzen, die die Beziehungen zwischen den Dingen, für die sie stehen, wiedergeben. Dies ist der Prozeß, der in unserem Geist abläuft, wenn wir versuchen, in einer uns wohlbekannten Stadt den besten Weg von einem Ort zu einem anderen zu wählen, wobei wir in unserer Vorstellung Straßenecken und andere markante Stellen aufeinander folgen lassen, deren Nachbarschaftsbeziehungen wir vorher erfahren und gespeichert haben. Dies ist auch die Strategie, die man benutzt, um die Folgen verschiedener möglicher Züge bei einem Schachspiel oder die Konsequenzen einer Aussage im Rahmen einer Diskussion abzuschätzen. Genau diese Möglichkeit der Verkettung von inneren Zuständen wollten wir in das Gehirn von Wesen 12 einführen, um seine Meditationen lebensnäher zu gestalten, ähnlicher auch unseren eigenen, wenigstens was die Zeit betrifft, die sie brauchen, und die unvorhersehbaren Wege, auf denen sie sich bewegen.

Das Gehirn von Wesen 12 teilt eine wichtige Eigenschaft mit dem unserer menschlichen Artgenossen. Betrachten wir erneut die Kurve von Abb. 19, die die Zahl aktiver Elemente als Funktion der Zahl aktiver Elemente zum vorherigen Zeitpunkt zeigt. Die genaue Form der Kurve ist nicht besonders wichtig, jedenfalls solange sie ein Maximum hat und die Diagonale ($A_i = A_{i+1}$) schneidet. Beginnen wir mit einem bestimmten Wert auf der Abszisse und bestimmen die Ordinate des nächsten Wertes b auf der Kurve. Tragen wir diesen Wert b wieder auf der Abzisse auf und finden c usw. Sie werden überrascht sein, daß die Folge der Werte a, b, c ... keinem Gesetz zu gehorchen scheint und im allgemeinen ganz unvorhersehbar ist. Nun erinnern Sie sich, daß Abb. 19 die Auswirkung der Schwellenkontrolle auf die Aktivität des Gehirns von Wesen 12 zeigt. Wir können also a, b, c ... als die Zahl aktiver Elemente im Gehirn zu aufeinander folgenden Zeitpunkten auffassen. Wenn es sich im Ganzen um nicht sehr viele Elemente handelt, wird sich die Folge notwendigerweise nach einiger Zeit wiederholen, aber bei einem größeren Gehirn werden die Zahlen für einen Beobachter ganz sicher praktisch unvorhersagbar sein, selbst wenn der Mechanismus streng deterministischen Gesetzen gehorcht.

Ich hoffe, Sie erkennen, was das bedeutet. Könnten Sie die inneren Abläufe des Vehikelgehirns beobachten — sagen wir, mit Hilfe von Lämpchen, die mit den Schwellenelementen in Verbindung stehen und jedesmal aufleuchten, wenn die zugehörigen Elemente aktiv werden — dann könnten Sie nicht einmal vorhersagen, wieviele davon im nächsten Augenblick aufleuchten werden, und erst recht nicht, welches Muster sie bilden werden (für jede gegebene Zahl gibt es natürlich viele verschiedene Muster mit derselben Zahl von Elementen). Hier sollten wir erneut unsere Philosophen bemühen.

Ich würde das Gesagte als Beweis für die WILLENSFREIHEIT von Wesen 12 gelten lassen. Die beste Methode, die Entscheidungsfähigkeit eines Lebewesens in Frage zu stellen, besteht ja darin, daß man in jedem Augenblick vorhersagt, was es im nächsten Augenblick tun wird. Ein ganz und gar deterministisches Gehirn müßte vorhersagbar sein, möchte man meinen, wenn man seinen Mechanismus genau kennt. Im Falle des Wesens 12 kennen wir zwar den Mechanismus, aber alles, was wir beweisen können, ist, daß wir nicht in der Lage sind, sein Verhalten vorherzusagen. Also ist es nicht determiniert, zumindest nicht für einen menschlichen Beobachter.

Ich weiß, was die Philosophen darauf erwidern werden. Sie werden sagen, daß dies zwar nach freiem Willen aussieht, aber in Wirklichkeit keiner ist. Was sie mit diesem Ausdruck im Sinn haben, die wirkliche Entscheidungsfähigkeit, ist eine Kraft außerhalb jeder mechanischen Erklärung, ein Handelndes, das schon durch den bloßen Versuch, es in einen physikalischen Rahmen zu zwängen, sofort zerstört wird.

Worauf ich folgendes antworte: Wer immer Tiere und Menschen erschaffen hat, wollte vielleicht nicht mehr als wir, die Schöpfer der Vehikel: den Geschöpfen etwas mitgeben, das für jeden, der mit ihnen zu tun hat, wie freier Wille aussieht. Damit wäre wenigstens der schäbigen Ausbeutung eines Individuums durch Beobachtung und Vorhersage seines Tuns ein Ende gesetzt. Und zu des Individuums Stolz und Freude ist es selbst nicht imstande, genau vorherzusagen, welcher Gedanke sich im nächsten Augenblick in seinem Gehirn einstellen wird, und es mag daraus den Schluß ziehen, daß seine Entscheidungen am Anfang, nicht am Ende von Kausalketten stehen.

Wesen 13
Vorhersage

Und wirklich, in Fortführung des letzten Satzes des vorigen Kapitels, kann man ruhig sagen, daß das Innenleben der Wesen vom Typ 12 ziellos, wenn nicht gar zufällig abläuft, von den Regeln der Wahrscheinlichkeit, die in seinen Gedächtnissen (Mnemotrix und Ergotrix) gespeichert sind, bloß eingeschränkt, aber nicht durch sie bestimmt.

Ich bin mir sicher, daß die meisten von Ihnen nicht glauben, ziellose Aufeinanderfolge von Bildern sei eine zutreffende Beschreibung dessen, was in Ihrem Gehirn die meiste Zeit vorgeht. Sie lassen sich wahrscheinlich von unseren Vehikeln nicht beeindrucken, solange wir keinen Beweis dafür erbringen, daß ein Zweck Ihr Verhalten bestimmt und daß ihr Denken gerichtet ist. Das sind Tugenden, die wir bei unseren Kindern gern sehen. Warum versuchen wir nicht, unsere geistigen Kinder, die Vehikel, in dieser Richtung zu verbessern? Im Prinzip wäre das nicht schwierig, und doch bedeutet es jenen Philosophen viel, die gern denken, daß zielgerichtetes Verhalten die Eigenschaft ist, die die Lebewesen innerhalb des physikalischen Universums am meisten auszeichnet.

Wir haben zwei Aspekte des zielgerichteten Verhaltens zu berücksichtigen. Zum einen liegt das Ziel in der Zukunft. Zum Beispiel ist das Verschlingen der Maus zu einem späteren Zeitpunkt das Ziel, welches die Bewegungen der Katze zur Zeit bestimmt. Ganz im Gegensatz zu den Effekten, mit denen man es in der Physik für gewöhnlich zu tun hat, stehen wir hier vor dem besonderen Fall einer Bedingung, die sich erst später ereignen wird, aber auf einen früheren Zeitpunkt einwirkt.

Zum anderen ist jedes Ziel definitionsgemäß etwas Wünschenswertes. Wir können nicht über Ziele sprechen, ohne uns vorher über die Begriffe des Guten und des Bösen im klaren zu sein.

Nehmen wir zuerst das Problem der Handlungen, die auf die Zukunft gerichtet sind und durch Ereignisse bestimmt werden, die sich erst später ereignen. Das ist offensichtlich Unsinn, wenn wir es so auffassen, daß eine Handlung die Konsequenz von etwas darstellt, was noch nicht geschehen ist. Etwas anderes ist es aber, über eine Handlung als Konsequenz von etwas zu sprechen, dessen zukünftiges Eintreffen wir *erwarten* — denn diese Erwartung ist vorhanden, bevor die Handlung geplant wird. Damit tun wir dem Kausalitätsgesetz keine Gewalt an. Alles, was wir brauchen, ist ein Mechanismus, der zukünftige Ereignisse so schnell voraussehen kann, daß sie bekannt sind, bevor sie tatsächlich passieren.

Es gibt natürlich gesicherte Vorhersagen und andere nicht ganz so sichere. Es ist nicht schwer, die Zukunft eines rollenden Steins vorherzusagen, der sich schon auf dem Weg hügelabwärts befindet. Weniger sicher sind wir schon, daß ein Hund beim Anblick eines Wurststücks sein gemütliches Kissen verläßt. Andere Abläufe sind praktisch fast unvorhersehbar, wie die Bewegung eines Kindes, das mitten auf der Straße Ball spielt. Das Prinzip der Vorhersage ist jedoch in all diesen Fällen sehr ähnlich. Wir haben genug rollende Steine und hungrige Hunde gesehen, um bei der Wahrnehmung einer Situation sofort an ihre Weiterentwicklung erinnert zu werden. Dabei brauchen wir für die Vorhersage nur die Fähigkeit, gespeicherte Ereignisabfolgen abzurufen, und außerdem einen Mechanismus, der die Abfolge nötigenfalls beschleunigt, z.B. in einer Gefahrensituation. Komplikationen können dann auftreten, wenn mehrere unterschiedliche Vorhersagen ungefähr gleich wahrscheinlich sind. In einem guten Vorhersageapparat muß die Möglichkeit gegeben sein, bei einer bestimmten Situation verschiedene Entwicklungen vorherzusagen und sie nebeneinander im Kopf zu behalten. Das tun wir, wenn wir mit dem Auto durch eine Straße mit spielenden Kindern fahren.

Wir möchten den Wesen vom Typ 13 die Möglichkeit der Vorhersage verschaffen. Man überzeugt sich sofort, daß die Voraussetzungen dafür bei den bisherigen Vehikeln schon vorhanden sind. Viele Regeln und Regelmäßigkeiten, die die Welt beherrschen, haben wir getreulich im Gehirn der Vehikel abgebildet. Auf diese Weise konnten wir von diesen Gehirnen als von Modellen der Welt sprechen, Miniaturausgaben des äußeren, öffentlichen Raumes, bevölkert von Aktivitätsmustern, die die Aktivitäten realer Objekte im Umfeld nachahmen. Wir stellten fest, daß diese Gehirne als Modelle der Umgebung erst dann wirklich lebendig wurden, als auch die dynamischen Aspekte der Welt miteinbezogen wurden; damit verwandelt sich ein gegebener funktionaler Zustand des Gehirns in seinen nächsten Zustand in Übereinstimmung mit den Regeln, nach denen die Welt sich von einem Moment zum nächsten weiterentwickelt. Zu diesem Zweck setzten wir den Draht Ergotrix ein, der Elemente des Gehirns in der gleichen Reihenfolge, in der die entsprechenden Ereignisse auftreten, aktiv werden läßt. Implizit nahmen wir an, daß die Ergotrix-Drähte Abfolgen von Aktivität im gleichen Takt wiedergeben, wie sie im Original auftraten. Jetzt wollen wir aber annehmen, daß die Ergotrix-Drähte unter Umständen die ihnen eingegebenen Abfolgen beschleunigt oder verlangsamt ablaufen lassen können. Lassen wir sie die Ereignisse in schnellerer Abfolge wiedergeben, und schon haben wir ein Gehirn, das als Prädiktor arbeitet. (Abb. 20)

Wir sehen uns genauer an, was in einem Vehikel vorgeht, das über einen solchen Prädiktor verfügt. Erinnern Sie sich daran, daß die Schwellenelemente im Gehirn unter dem Einfluß von zweierlei Signalen stehen. Erstens werden sie direkt oder indirekt (d. h. über zwischengeschaltete Filter) von den Sinnesorganen beeinflußt, zweitens beeinflussen sie sich gegenseitig. Nur die letzte Art von Beeinflussung geht über die Mnemotrix- oder Ergotrix-Drähte. Greifen wir einen bestimmten Zustand heraus: das Vehikel in stiller Betrachtung der Welt, die Schwellenregelung in Ruhe, die Schwellen hoch genug, um nur einige wenige Ideen über dem Hintergrund hervortreten zu lassen. Diese werden natürlich von Gruppen aktiver Schwellenelemente mit ihren Mnemotrix-Querverbindungen dargestellt.

Die Weiterentwicklung des inneren Zustands dieses Wesens kann sich auf drei Arten abspielen. Erstens durch Meditation. Selbst wenn das Gehirn sich im Gleichgewicht befindet, mit festgelegten Schwellen, kann es nicht konstant im selben Zustand bleiben, da die Mnemotrix-Verknüpfungen zwischen den aktiven Elementen sich langsam um so mehr verstärken, je länger eine Idee anhält. Doch dies macht sich vielleicht erst später bemerkbar, wenn so viele weitere Elemente aktiviert

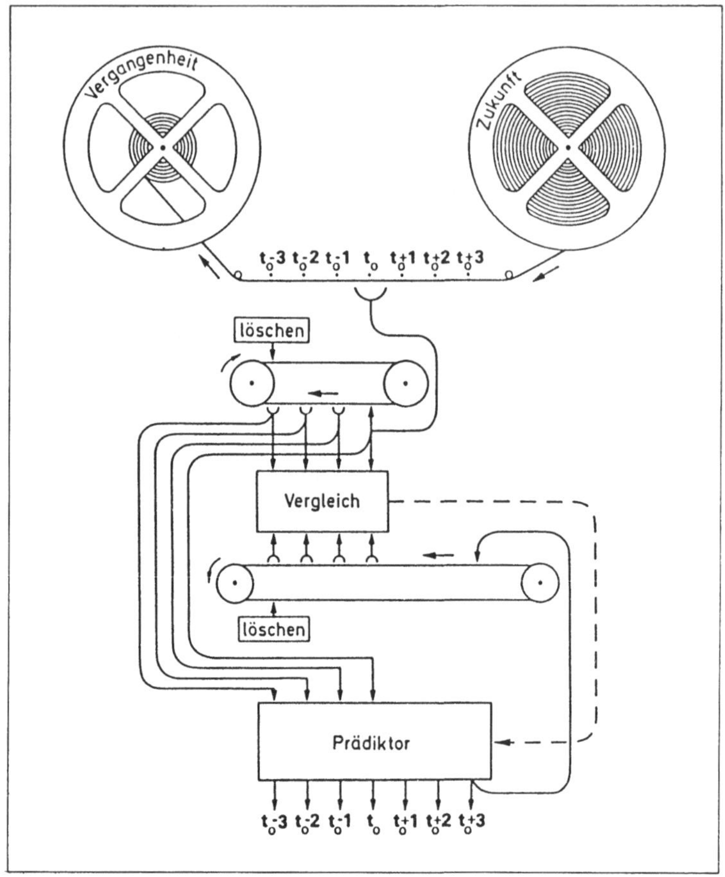

Abb. 20 Ein Prädiktor mit angeschlossenem Gerät. Die erlebte Wirklichkeit ist als ein Film (oder Band) dargestellt, das sich aus der Spule Zukunft entrollt und von der Spule Vergangenheit aufgenommen wird. Es ist jeweils nur ein Augenblick t_0 als Eingang zu der Maschine verfügbar. Der Eingang wird aber drei Zeitschritte lang auf dem unendlichen Band eines Kurzzeitgedächtnisses gespeichert. Von dort wird sowohl der gegenwärtige Eingang als auch der im Kurzzeitgedächtnis gespeicherte an den Prädiktor weitergegeben, der daraus die Zukunft drei Zeitschritte weit voraussagt. Der Prädiktor hat in den Ergotrixdrähten in seinem Inneren statistische Information über die ganze Vergangenheit gespeichert. Die Voraussage über den Zeitpunkt t_{0+3} wird in einem anderen Kurzzeitgedächtnis gespeichert und wird zur gegebenen Zeit mit Hilfe eines Vergleichsgerätes mit dem wirklich erscheinenden Eingang und mit dem bis zu drei Schritte zurückliegenden Eingang verglichen (die zeitliche Tiefe des Vergleichsmechanismus dient dazu, die dynamischen Aspekte der Prädiktion zu testen). Das Vergleichsgerät kann, je nach dem Ausfall des Vergleichs, Signale an den Prädiktor schicken, um ihn zum Umlernen zu veranlassen oder um ihn ganz auszuschalten.

werden, daß das System aus dem Gleichgewicht kommt und das Gehirn aufs neue auf eine Gedankentour geht, wie wir sie beim Wesen 12 untersucht haben.

Zweitens kann in der Umgebung etwas geschehen. Der innere geistige Zustand des Vehikels ändert sich in Übereinstimmung mit dem neuen Eingangssignal von den Sensoren. Der Übergang von einem Zustand zum nächsten wird im Fall einer schon bekannten Ereignisabfolge von Ergotrix-Drähten unterstützt, aber die Ergotrix-Verknüpfungen sind selbst zu schwach, um den Übergang ohne Hilfe des Sinneseingangs zu bewirken.

Drittens können die Sensoren einen Zustand der Umgebung signalisieren, der sich bisher immer auf bestimmte Art weiterentwickelt hatte. Die Ergotrix-Verknüpfungen sind in diesem Fall sehr stark. Der nächste Zustand des Vehikelgehirns wird ganz von ihnen bestimmt. Das Vehikel ist blind für den tatsächlich als nächster kommenden Sinneseingang, und in den meisten Fällen schadet das nichts, da die Ereignisabfolge die gleiche ist wie bisher immer.

Doch gelegentlich passiert ein seltenes Ereignis, und der Sinneseingang steht in eklatantem Widerspruch zu der inneren Vorhersage. Dies führt zu einem Durcheinander, das sich nicht vernünftig fortentwickeln kann. Das möchten wir vermeiden, besonders im Hinblick darauf, daß Diskrepanzen zwischen Wirklichkeit und Erwartung besonders interessant sind und im einzelnen analysiert werden sollten. Vielleicht sollten wir also das Vehikel mit einem Apparat ausstatten, der genau durch solche Diskrepanzen in Gang gesetzt wird und dessen Aufgabe es ist, das der Vorhersage dienende Regelsystem so zu korrigieren, daß es sich beim nächsten Mal in der gleichen Situation besser zurechtfinden kann.

Zuerst müssen wir die Vehikel mit zwei getrennten Darstellungen der Umwelt versehen, deren eine im Prädiktor niedergelegt ist, die andere in einer gleichgroßen Menge von Elementen, die ihren Eingang direkt von den Sensoren empfängt und nicht weiter verarbeitet. Diese beiden Teilhirne sind Punkt für Punkt miteinander verbunden, so daß Abweichungen zwischen ihren Aktivitätszuständen genauso leicht aufzuspüren sind wie Unterschiede zwischen zwei Zeichnungen, die man aufeinander legt und gegen das Licht hält. Die technische Durchführung ist einfach. Nehmen wir an, die beiden Teilhirne sind durch inhibitorische Verknüpfungen zwischen sich entsprechenden Punkten verbunden. Aufgrund der gegenseitigen Hemmung entsteht nicht viel Aktivität, wenn die beiden Aktivierungsmuster sich genau gleichen. Aber wenn in einer der beiden Umweltrepräsentationen eine Aktivität vorkommt, die in der anderen fehlt, so macht sich das stark bemerkbar.

Natürlich wollen wir, daß unsere Vehikel Vorstellungskraft besitzen, aber hauptsächlich sollen sie realistisch sein. Deshalb soll im Falle eines Widerspruchs die Information vom realistischen Teilhirn ernster genommen werden als die vom Prädiktor. Wir führen eine Regel ein: „Im Zweifelsfall glaube den Sensoren", und zwar durch die Einführung eines Mechanismus, der bei Konflikten den Prädiktor einfach abstellt. Aber wir gehen noch einen Schritt weiter und erziehen den Prädiktor dazu, realistischer zu werden. Das ist schwieriger, als es klingt. Wir müssen bedenken, daß das Ereignis in der Umwelt, welches den Prädiktor zu falschen Vorhersagen verleitete, bereits der Vergangenheit angehört, wenn der Konflikt zwischen den beiden Teilhirnen den Fehler offenbar macht.

Folglich brauchen wir etwas wie ein Kurzzeitgedächtnis (Abb. 20, 21), eine dritte Wiedergabe der Umwelt, die zeitlich gegenüber den anderen ein bißchen verzögert ist, so daß die Vergangenheit, wenn nötig, jederzeit ein paar Schritte zurück verfügbar ist. Ein solches mentales Echo bauen wir ins Gehirn des Vehikels ein, indem wir einfach jedes Element mit einem anderen verbinden, das eine Zeiteinheit später aktiv wird, und jedes von diesen wieder mit einem, das den Zustand des ersten um zwei Zeiteinheiten verzögert wiedergibt. So haben wir ein effizientes Kurzzeitgedächtnis.

Nun können wir mit wenigen Zusätzen den Prädiktor weitgehend verbessern, indem wir ihn flexibler machen und aufgeschlossen für neue Erfahrungen. Wir machen uns keine Sorgen um gelegentliche falsche Vorhersagen, besonders wenn die Fehler nicht verhängnisvoll sind. Die ganze Zeit werden die Mnemotrix- und Ergotrix-Verknüpfungen durch Erfahrung verändert, und das in ihnen festgehaltene statistische Wissen über die Welt ist nie vollständig, schon wegen seiner statistischen Natur. Doch gelegentlich erweist sich dieses kontinuierliche

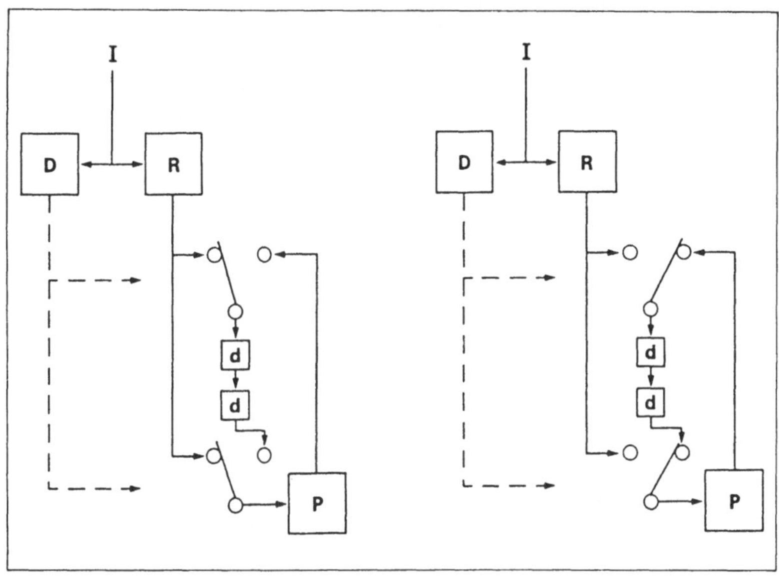

Abb. 21 Lernen durch innere Wiederholung einmaliger Ereignisse. I ist der Eingang. D ist das Darwinsche Gehirn, dessen Aufgabe es ist, festzustellen, wie wünschenswert der jeweilige Eingang ist, und zwei Schalter entsprechend zu stellen (über die gestrichelten Pfeile). Links: Wirkungsweise im Normalzustand mit einem ruhenden Darwinschen Gehirn. Das realistische Gehirn R schickt Signale an den Prädiktor P und auch an eine Kette von zwei Verzögerungsgliedern d. Rechts: Das Darwinsche Gehirn D hat einen stark emotionalen Eingang registriert. Die beiden Schalter sind nach rechts umgestellt, und der Prädiktor bekommt seine Signale nicht mehr vom realistischen Gehirn R, sondern von den beiden hintereinandergeschalteten Verzögerungsgliedern d, in die er selbst wieder seinen Ausgang eingibt. Auf diese Weise kreist die dem emotionalen Erlebnis vorausgegangene Information durch den Prädiktor und die Verzögerungsglieder so lange, bis sich das Darwinsche Gehirn wieder beruhigt hat und die beiden Schalter wieder in ihrer Ausgangsstellung sind.

Lernen von statistischen Eigenschaften der Umwelt als ungenügend, nämlich dann, wenn sich eine gelegentliche Abweichung von der Statistik als ein sehr einschneidendes Erlebnis, im guten oder im schlechten Sinne herausstellt. Sagen wir, die meiste Zeit erweisen sich grüne Vehikel als friedfertig, doch ab und zu ist eines davon ganz besonders bösartig und aggressiv. Es wäre falsch, mit der grünen Farbe die Eigenschaft „zu 99 % friedfertig" zu assoziieren und entsprechend arglos zu reagieren, da früher oder später sicherlich wieder eine Begegnung mit dem Ausnahmefall stattfindet, und dann wäre das Opfer unvorbereitet. Besser ist es, der seltenen, doch nachhaltigen Erfahrung besonderes Gewicht zu geben und grüne Vehikel allgemein als böse anzusehen.

Wie macht man das? Wir sprechen von „gut" und „böse", als wären diese Begriffe leicht zu definieren. Das sind sie natürlich nicht, aber es gibt auch dafür eine Lösung. Erinnern wir uns an die Wesen aus unserer früheren Zucht. Sie waren, verglichen mit den jetzigen, recht einfach gebaut, aber effizient. Besonders die Vehikel vom Typ 6, die aus einem Darwinschen Selektionsprozeß entsprungen waren, wußten eines ganz genau, nämlich wie man Gefahren vermeidet und Vorteile wahrnimmt, auch ohne daß sie oder ihre Erbauer eine Vorstellung von der Definition von gut und böse hatten. Sie bewegten sich angesichts einer guten Sache einfach vorwärts und angesichts einer gefährlichen rückwärts. Mehr brauchen wir nicht.

Fangen wir eines dieser Darwinschen Wesen ein, nehmen wir seine Motoren heraus, und schon haben wir einen Detektor für gut und böse. Der Draht, der zum vorwärtsbewegenden Motor führte, signalisiert „gut", der andere zum rückwärtsbewegenden Motor signalisiert „böse". Wir bauen das Gehirn von Wesen 6 in das Gehirn von Wesen 13 ein, das wir so mit wichtigen, alten intuitiven Wertungen versehen.

Wir können jetzt die Teile zusammensetzen. Wir haben ein Kurzzeitgedächtnis, das bei allem, was passiert, zwei Schritte weit das Geschehene festhält. Wir haben den Prädiktor. Wir haben außerdem einen Schalter, der im Konfliktfall zwischen Vorhersage und Wirklichkeit den Prädiktor abschaltet. Schließlich ist der Darwinsche Beurteiler bereit, besonders bedrohliche oder freudige Ereignisse anzuzeigen. Die neue Funktionsweise ist nun folgende (Abb. 21):

Immer wenn der Darwinsche Beurteiler D eine unerfreuliche oder gar eine erfreuliche Wende im Gang der Ereignisse anzeigt, wird das vorhersagende Teilhirn P von seinem Eingang abgehängt, den es sonst vom realistischen Teilhirn R empfängt. Stattdessen erhält es den zwei Zeiteinheiten zurückliegenden

Eingang aus dem Kurzzeitgedächtnis. So durchläuft es erneut die beiden Augenblicke, die dem wichtigen Ereignis vorausgingen. Zur gleichen Zeit ist sein Ausgang mit einer Verzögerung von einer Zeiteinheit wiederum mit dem Kurzzeitgedächtnis verbunden. So erlebt es über das Kurzzeitgedächtnis wieder und wieder die Aufeinanderfolge der beiden Momente, a und b, bis der Darwinsche Beurteiler D sich beruhigt hat und alles auf den Normalzustand zurückgeschaltet wird.

Als Nettoeffekt kommt dabei heraus, daß Ereignisabfolgen, die zu stark „gefühlsbetonten" Konsequenzen führen, ganz fest im Mnemotrix-Ergotrix-System verankert werden, selbst wenn sie nur selten vorkommen. Der innere Erregungskreislauf, der vom Darwinschen Beurteiler in Gang gesetzt wird, sorgt dafür, daß im inneren Ablauf des Gehirns aus seltenen Ereignissen oft wiederholte Ereignisse werden.

Wir können uns jetzt entspannt zurücklehnen und Vehikel 13 in Aktion beobachten. Seine Vorhersagekraft ist deutlich bemerkbar, wenn es der Bewegung eines Objektes folgt, z. B. einem anderen Vehikel mit einer verlockenden Quelle auf dem Rücken. Verschwindet das Objekt von Zeit zu Zeit hinter einem Hindernis, so hält Vehikel 13 auf die Stelle zu, an der es wahrscheinlich wieder auftauchen wird. Auch einige andere ausgefallene Eigenheiten fallen uns auf. Ohne ersichtlichen Grund scheint Vehikel 13 gewisse Plätze der Umgebung sowie gewisse andere Vehikel zu meiden, zugleich verspürt es offensichtlich eine scheinbar unbegründete Zuneigung zu anderen Vehikeln und Plätzen. Beobachten wir es lange genug, so erkennen wir schließlich doch Gründe für diese persönlichen Eigenarten. Das Vehikel verbindet mit diesem oder jenem Platz eine Erinnerung und handelt dementsprechend. Vehikel 13 erinnert sich an Tatsachen — ähnlich wie wir — aufgrund von einzelnen Erfahrungen. Dieses Erinnern ist ein anderes als das Gedächtnis, das wir früher in unsere Wesen eingebaut hatten, jene langsamen Änderungen des Verhaltens in Übereinstimmung mit den Gesetzen und Regelmäßigkeiten der Umwelt, die über eine Statistik vieler einzelner Ereignisse aufgenommen werden.

Die Wesen vom Typ 13 sammeln Erfahrung durch die Aufnahme von einmaligen wichtigen Erlebnissen. Deswegen werden sie auch recht unterschiedliche Charaktere haben, weil jedes durch sein individuelles Schicksal geprägt wurde.

Wesen 14
Egoismus und Optimismus

Im Laufe der Zeit entwickeln wir eine Zuneigung zu der bunten Herde unserer Vehikel, die vom einfachsten bis zum komplexesten Modell interessante soziale Interaktionen und zuweilen ganz hintergründiges Verhalten an den Tag legen. Wir können mit ihnen spielen, lernen sie (und vielleicht sie uns) persönlich kennen, wir können sie necken, testen, Fertigkeiten lehren und sie dazu bringen, sich zu lieben oder zu bekämpfen. Wir haben jedoch nicht das Gefühl, sie zeigten in irgendeiner Form Persönlichkeit, nicht einmal die komplexesten Wesen der Sorte 13. Es ist schwer zu beschreiben, was wir damit meinen.

Vielleicht würden wir sie eher als Partner akzeptieren, wenn wir das Gefühl hätten, daß sie in ihrem Verhalten irgendwelchen eigenen Wünschen und Plänen nachgehen. Unsere menschlichen Gegenüber scheinen die meiste Zeit hinter etwas her zu sein, sowohl wenn man sie bei ihren Geschäften beobachtet als auch beim Gespräch. Mit Leuten zu tun zu haben, ist interessant wegen der Herausforderung, die durch ihr dauerndes Trachten und Planen entsteht. Hinter dieser Planung vermuten wir ein System von Wünschen, das wohl einen Teil von dem ausmacht, was wir Persönlichkeit nennen. Vielleicht fehlt uns gerade dieses Planen bei unseren Vehikeln. Wir werden den Eindruck nicht los, daß sie mehr von Notwendigkeit getrieben sind als von Zielen angezogen, trotz aller auf sie verwandter Mühen, trotz besonderer Mechanismen, mit denen niedere Formen von Kausalität beseitigt wurden, und trotz des Prädiktors, der die Motive des Handelns aus einem künftigen Zustand der Welt zu beziehen vermag.

Ist uns das einmal klar geworden, so können wir natürlich in einem letzten schöpferischen Akt eine neue Art von Wesen — die letzte, Wesen 14 — mit einem gewissen Maß von systematischem Egoismus ausstatten, mit einem Hauch von Lustprinzip, damit sie unseren Mitmenschen ähnlicher werden. Wir gehen folgendermaßen vor.

Wir erinnern uns daran, daß bei den raffinierteren Vehikeln bereits einige für dieses neue Projekt brauchbare Mechanismen vorhanden sind. Mit der Einführung der Ergotrix-Drähte (Wesen 10) wurde die Vorhersage ein Teil der geistigen Ausstattung der Vehikel. Beim Wesen 13 erfuhr dann die Lernfähigkeit des Prädiktors eine weitgehende Verbesserung durch einen Mechanismus, der seltenen, doch wichtigen Ereignissen größeres Gewicht verschafft. Ermöglicht wurde dies durch Einführung eines zweiten, primitiveren Darwinschen Gehirns in das Gehirn von Wesen 13; das primitive Gehirn brachte alle Informationen über gute und schlechte Dinge ein, die die Vorfahren des Vehikels über Generationen hinweg gesammelt hatten.

Des weiteren hatten wir bereits festgestellt (bei Wesen 12), daß die Aufeinanderfolge von inneren Zuständen, die durch die Ergotrix-Verknüpfungen bewirkt wird, im wesentlichen eine zufällige war, weitgehend unvorhersagbar, vielleicht sogar grundsätzlich unvorhersagbar aufgrund der besonderen mathematischen Eigenschaft, die mit der in Abb. 19 dargestellten Funktion zusammenhängt. Die Zufälligkeit der Entscheidungen von Vehikel 12 spiegelt zum Teil die statistische Natur des in Ergotrix-Verknüpfungen niedergelegten Wissens wider, sowie die fortlaufende Erneuerung dieses Wissens durch einen Lernprozeß. Sie hängt aber auch von der besonderen Natur des Prozesses ab, der das Gehirn aus einem Aktivitätszustand in den nächsten schwingen läßt. Wir haben gesehen, wie das mit wechselnden Episoden von Erhöhung und Senkung der Schwellenwerte einhergeht, die von Oszillationen im Schwellenregelungsmechanismus herrühren. Nun wollen wir diesem Prozeß eine optimistische Tendenz verschaffen, so daß die Gedankenpumpe im Gehirn des Vehikels eine Aufeinanderfolge von immer erfreulicheren inneren Bildern erzeugt.

Wir setzen voraus, daß bei einem gegebenen Aktivitätszustand die Ungewißheit über den nächstfolgenden Zustand nicht nur beim Beobachter liegt, sondern auch dem Vorgang selbst innewohnt, nämlich in dem Sinn, daß der Prädiktor oft auf (wenigstens) zwei Zustände verweist, die als Fortsetzung des momentanen Zustands des Gehirns (und damit der Welt) gleichermaßen wahrscheinlich sind. Wurde bislang ein solches Dilemma mittels eines in das Vehikelgehirn eingebauten Zufallselementes entschieden (z. B. durch einen Geigerzähler, dessen Entscheidungen davon abhängen, ob er innerhalb der letzten Zehntelsekunde von einem kosmischen Strahl getroffen wurde oder nicht), so stellen wir nun für Wesen 14 eine neue Regel auf: Von mehreren gleichwahrscheinlichen Folgezuständen des Gehirns soll der angenehmste der nächste Zustand sein.

Sie ahnen schon, wie wir das bewerkstelligen. Wir behalten den momentanen Zustand eine Zeitlang bei (kein Problem, das Kurzzeitgedächtnis ist bereits eingeführt), während der Prädiktor rasch seine verschiedenen Vorhersagen durchspielt. Zugleich erhält der eingebaute Darwinsche Beurteiler den Befehl, diese Vorhersagen bezüglich ihrer erfreulichen oder unerfreulichen Aspekte zu bewerten. Er wird im allgemeinen zu verschiedenen Werten für die verschiedenen Vorhersagen gelangen. Ist das getan, spielt der Prädiktor noch einmal seine Vorhersagen durch und verharrt bei derjenigen, die den höchsten Erfreulichkeits-Wert erreicht hat. Diese wird dann der folgende Zustand des Gehirns.

Mehr brauchen wir nicht. Wir können die Vehikel auf den Tisch zurückstellen und über ihr Verhalten nachdenken. Einem oberflächlichen Beobachter oder einem ungeduldigen wird nichts Besonderes auffallen. Wir, die Schöpfer der Vehikel und erfahrenen Beobachter ihres Verhaltens, bemerken feine Veränderungen an unseren jüngst vollendeten Geisteskindern. Wir kennen ihren Geschmack; wir hatten ausreichend Gelegenheit zu beobachten, von welchen Reizquellen, Situationen und anderen Vehikeln sie angezogen werden und welche sie meiden. Früher waren ihre Reaktionen leicht zu beobachten, da sie nur stattfanden, wenn sich das Objekt in der Nachbarschaft des Vehikels befand. Entferntere Quellen oder Situationen schienen wenig zu bewirken.

Bei den Wesen der Sorte 14 verhält sich das anders. Sie bewegen sich durch ihre Welt mit einer deutlichen Bestimmtheit, offenbar immer hinter etwas her, das wir sehr oft von außen nicht erkennen können und das vielleicht noch nicht einmal da ist, wenn das Vehikel den Platz erreicht hat, auf den es zustrebte. Doch dieses Herjagen hinter einem Traum scheint eine gute Strategie zu sein, da die Kette von optimistischen Vorhersagen, die das Verhalten des Vehikels zu bestimmen scheint, meistens einigermaßen zutrifft und Wesen 14 dadurch Ziele erreicht, die sich Wesen 13 und die anderen Vorgänger „noch nicht einmal erträumt hätten". Der Punkt ist, daß, während das Vehikel seine optimistischen Vorhersagen durchläuft, die Aufeinanderfolge von inneren Zuständen auch Bewegungen und Handlungen des Vehikels selbst nach sich zieht. Träumend und schlafwandelnd verwandelt unser Wesen die Welt (und seine eigene Stellung in ihr) dergestalt, daß schließlich der Zustand der Welt für es immer erfreulicher wird.

Irgendwann beobachten wir, wie eines der Vehikel vom Typ 14 auf das Erscheinen eines anderen Vehikels wartet. Dieses andere Vehikel trägt eine sehr attraktive Quelle bei sich, die Vehikel 14 anzapfen möchte. Es scheint ungeduldig zu warten, da es, von seiner optimistischen Prädiktion getrieben, von Zeit zu Zeit die Bewegungen des Anzapfens ausführt, als könnte es durch den eigenen Beitrag zum ersehnten Ergebnis dessen Auftreten beschleunigen. „Das ist sehr menschlich", sagen wir. „Haben wir es nicht schon alle erlebt, wie es uns drängt, zur Tür zu rennen, lange bevor es geklingelt hat, als könnten wir durch die vorweggenommene Aktion das Eintreffen des ersehnten Besuchers erzwingen?" Was wir da beobachten, ist sicher absurdes Verhalten, das von einem sehr merkwürdigen, subjektiven Kausalitätsempfinden diktiert wird. Aber es zeigt, wie der optimistische Vorhersagemechanismus in die Aktion überspringt. Und es erinnert uns an eine Grundhaltung der menschlichen Art.

Teil II
Biologische Bemerkungen zu den Vehikeln

Die phantastische Welt der Vehikel ist aus wissenschaftlichen Beobachtungen entsprungen. Ich will jetzt ein paar Tatsachen aus der Gehirnforschung skizzieren, die für die Eigenarten unserer Wesen Pate standen, und einiges an ihrem Verhalten wird sich dann als weniger willkürlich herausstellen, als es dem Leser vielleicht bisher erschienen ist. Zu einem großen Teil stammen diese Tatsachen aus meiner eigenen Forschung oder aus Arbeiten, an denen ich wenigstens als Zeuge beteiligt war. Die Gehirnforschung, besonders ihre kybernetische Variante, hat den Vorzug, daß einer, der heute lebt, den größten Teil ihrer Entwicklung selbst mitgemacht hat. Die kleinen Essays, die ich hier zusammenstelle, ergeben zwar keine vollständige Darstellung unseres Wissens über Gehirnfunktionen (nicht einmal meines eigenen Wissens), aber doch einen Einblick in manches Interessante.

Vorteile der gekreuzten Faserbahnen im Gehirn

Wesen 1 bis 4, die frühen Vorfahren der ganzen Art, entstanden aus dem Versuch, Chiasmata im Gehirn zu verstehen, und unter ihnen besonders das eindrucksvollste, das optische Chiasma der Vertebraten. „Chiasma" ist in der Neuroanatomie der technische Ausdruck für die Kreuzung zweier Faserbündel, meist zwischen rechter und linker Hirnhälfte.

Die gekreuzte Projektion der Welt ins Gehirn ist ein altes Rätsel der Gehirnwissenschaft, und es sind verschiedene Erklärungsversuche gemacht worden. Man hat das Phänomen auf mechanische Prinzipien des Gehirnbaus zurückführen wollen, oder auf statistische Gesetzmäßigkeiten in der Verteilung der Fasern im Gehirn, oder eben auf gewisse Vorteile, die sich daraus in der gehirninternen Verrechungsstruktur ergeben. Das einfachste und deshalb auch sicher nicht das schlechteste Argument bezog sich auf die Tatsache, daß durch die Kreuzung verschiedener Fasersysteme das ganze Gehirngewebe mechanisch stabiler wird, das Gehirn sozusagen besser zusammenhält.

Eine andere Erklärung verlegt die Entstehung von gekreuzten Verbindungen im Gehirn in eine frühe Phase der Evolution, in der sich ursprünglich radiärsymmetrische Tiere (wie Seesterne oder Polypen) in bilateralsymmetrische (wie Fische, Menschen usw.) verwandelt hatten. In dem Moment, wo eine Mittelebene des Tieres definiert ist, können die Fasern, die in einem kugeligen oder ringförmigen Gehirn alle Teile mit allen anderen verbinden, umbenannt werden in gekreuzte, die durch die Mittelebene hindurchgehen, und ungekreuzte, die auf einer Seite bleiben. Aus rein geometrischen Gründen (Abb. 22) müssen die längsten und daher wichtigsten Verbindungen gekreuzt sein, und das Vorherrschen der Kreuzungen in späteren Phasen der Evolution könnte vielleicht darauf zurückgeführt werden. Diese etwas verquälte Erklärung überzeugt schon deshalb nicht, weil sie für alle bilateralsymmetrischen Tiere, wie Insekten und Würmer, ebenso gelten sollte. Gekreuzte Verbindungen sind aber bei diesen sogenannten niederen Tieren keineswegs so vorherrschend wie bei den Wirbeltieren, obwohl sie dort auch neben den ungekreuzten vorkommen.

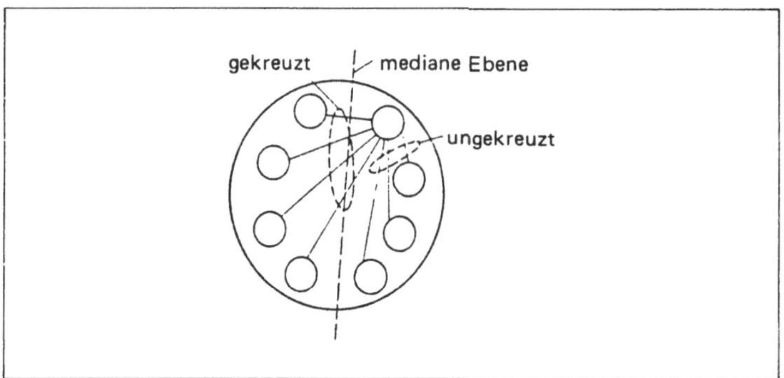

Abb. 22 Eine einfache Erklärung der gekreuzten Verbindungen im Gehirn. Sobald bei einem Tier mit Kugelsymmetrie eine Mittelebene definiert ist, stellt sich heraus, daß von den Verbindungen, die jedes Element mit jedem anderen verknüpfen, mehr Fasern die Mittelebene kreuzen als auf derselben Seite bleiben. In diesen kleinen statistischen Effekt haben manche Autoren den Ursprung der sehr viel eindrucksvolleren Faserkreuzungen im Wirbeltiergehirn verlegt.

Die Erklärung der gekreuzten Darstellung der Welt im Gehirn, die am meisten Zustimmung gefunden hat, ist die von Ramón y Cajal speziell für die Kreuzung der Sehnerven vorgeschlagene. Er hielt sie für eine durch die Inversion des Bildes im Linsenauge nötige Kompensation [1]. Er argumentiert wie folgt. Nehmen wir an, die rechte und die linke Hälfte des Gesichtsfelds werden über zwei Linsen umgekehrt je auf die Retina des rechten und linken Auges abgebildet. Wenn jetzt diese beiden retinalen Bilder, anders als es tatsächlich der Fall ist, ohne Umkehrung über ungekreuzte Bündel paralleler Nervenfasern auf eine gemeinsame flächige Empfangsstation im Innern des Gehirns projiziert würden, so gäbe es in der Mitte einen Bruch: Ein zusammenhängendes Bild würde ohne Zusammenhang oder mit einem falschen Zusammenhang im Gehirn abgebildet werden (Abb. 23 A). Ramón y Cajal stellte sich vor, daß die Kreuzung der beiden Sehnerven diesen Bruch der inneren Abbildung auf einfache Weise vermeiden würde (Abb. 23 B).

Nach dieser Vorstellung wäre die Kreuzung der übrigen, sensorischen und motorischen Fasersysteme eine sekundäre Anpassung an die gekreuzte Darstellung des Sehfelds im Gehirn.

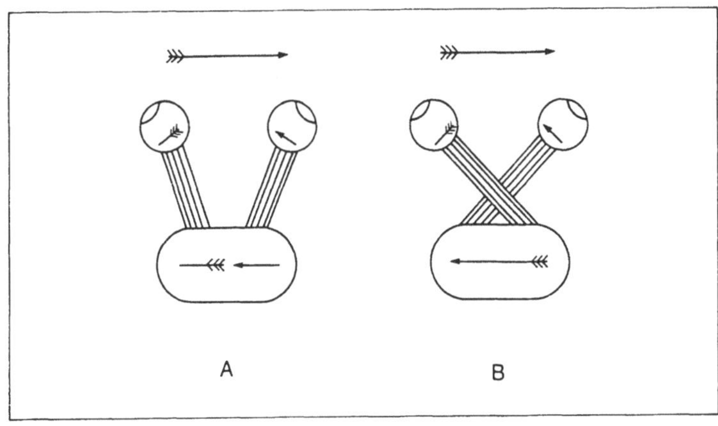

Abb. 23 Ramón y Cajals Erklärung der gekreuzten Faserverbindungen im Gehirn, die seiner Meinung nach auf die Bildumkehrung im Linsenauge zurückgehen. Die Kreuzung (B) stellt die Kontinuität des Pfeiles wieder her, der ohne Kreuzung, wie in A, als zwei gebrochene und versetzte Teilstücke im Gehirn abgebildet würde.

Wenn die Bilder von Gegenständen auf der rechten Seite eines Tieres im linken Hirn verarbeitet werden, so ist es sicher vernünftig, die Signale, die über andere Sinnessysteme (z. B. das taktile) von rechts aufgenommen werden, auch dort zu verarbeiten, und ebenfalls die Muskeln auf der rechten Seite des Tieres, die diese Signale mit ihren Bewegungen beantworten, von der linken Gehirnhälfte aus zu steuern.

Es gibt verschiedene Einwände gegen die Cajalsche Theorie, sowohl was die Logik der Argumentation betrifft, als auch die zugrundeliegenden Tatsachen, über die wir seither einiges dazugelernt haben:

1. Die Kreuzung bewirkt zwar eine korrekte Zusammensetzung der durch die beiden Linsen abgebildeten Hälften der visuellen Umwelt, ist dazu aber keineswegs notwendig. Andere Verbindungsschemata bewirken dasselbe, z. B. eine Verdrillung um 180° jedes der beiden Sehnerven, die dann ungekreuzt verlaufen könnten (Abb. 24 B) oder eine Überkreuzung der Fasern innerhalb jedes Sehnervs (Abb. 24 A). Noch einfacher könnte man denselben Effekt haben, wenn jeder Sehnerv auf einem krummen Wege von hinten das Gehirn erreichen würde (Abb. 24 C). Die schematischen Zeichnungen in Abb. 23 und 24 sprechen für sich selbst.

2. Die von Cajal vorgeschlagene Erklärung gilt nur, wenn es tatsächlich von Vorteil ist, das Gesichtsfeld kontinuierlich, ohne Unterbrechung in der Mitte, im Gehirn abzubilden. Man könnte sich vorstellen, daß dann die gesehenen Gegenstände überall, wo immer sie im Gesichtsfeld auftreten, von einem gleichartigen Nervennetz analysiert, „erkannt" und „verstanden" werden. Ein solches Nervengewebe, das sich über die Mittellinie hinweg kontinuierlich fortsetzt, gibt es aber im Sehsystem gar nicht. Wenn man die Empfangsstation im visuellen Teil des Mittelhirns annimmt, im Tectum opticum, das Cajal offenbar im Sinn hatte, dann können wir uns heute auf eine Menge von Untersuchungen über dieses Gebiet berufen. R. M. Gaze [2] hat z. B. die Projektion des rechten und linken Sehfelds auf das linke bzw. rechte Tectum beim Frosch genau beschrieben. Die Orientierung dieser Projektion ist in der Tat so, daß ein kontinuierliches Muster im Sehfeld wieder als ein durchgehendes Muster auf dem Tectum abgebildet wird, auch wenn

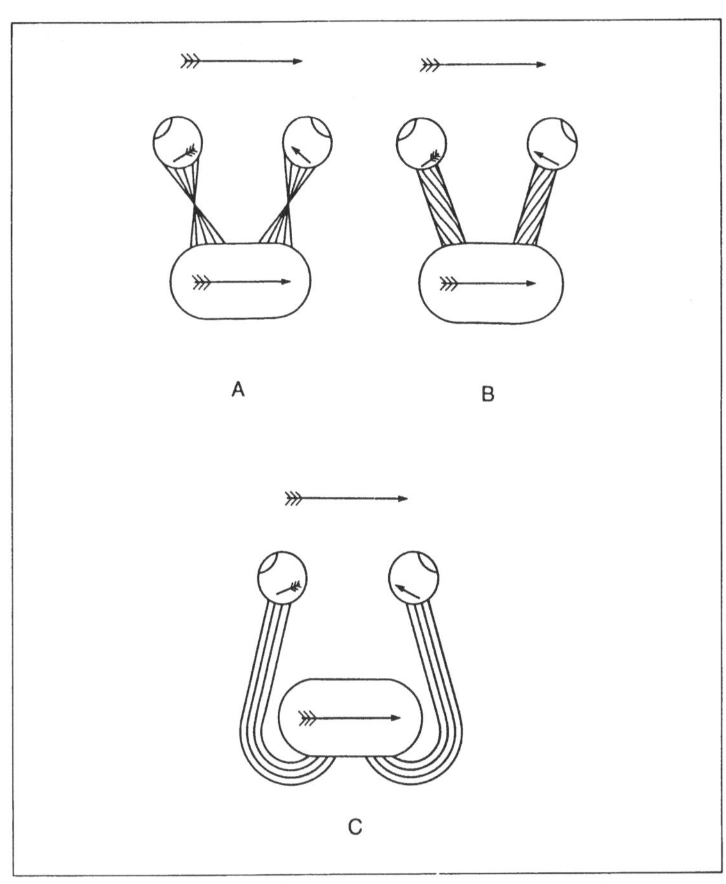

Abb. 24 Eine Schwäche des Cajalschen Arguments: Kreuzung der Fasern innerhalb eines jeden Sehnervs oder Verzwirbelung (B) des Sehnervs um 180° würden dasselbe bewirken wie eine Kreuzung beider Sehnerven. Ein Umweg ungekreuzter und ungezwirbelter Sehnerven über den hinteren Pol des Gehirns würde auch schon reichen.

ein Teil des Musters von dem einen und ein anderes vom anderen Auge gesehen wird. Aber es ist nicht einzusehen, welchen Vorteil das bei der weiteren Informationsverarbeitung bringen sollte, da das Nervengewebe zwischen rechts und links unterbrochen ist. Die beiden Hälften des Tectums sind ganz getrennt, nur durch ein System von sogenannten Kommissuren verbunden, von denen man sich schlecht vorstellen kann, daß sie dasselbe tun wie die vielen Nahverbindungen in der grauen Substanz auf jeder Seite. Wenn die beiden Halbbilder aber separat verrechnet werden, so erscheint es ziemlich unwichtig, wie sie auf jeder Seite orientiert sind und ob sie aneinander anschließen. Die Cajalsche Erklärung der Kreuzungen als Korrektur der geometrischen Optik des Auges scheint daher zumindest fragwürdig.

Das Komplexauge der Fliege: Rekonstruktion der Kontinuität bei der Abbildung auf dem Gehirn

Obwohl ich für die Kreuzung der Faserbahnen im Wirbeltiergehirn eine andere Erklärung vorschlage (siehe nächstes Kapitel), konnte ich mich doch von der Richtigkeit des Cajalschen Prinzips in einem ganz anderen Zusammenhang überzeugen: beim Sehsystem der Fliege. Dort kann man ein recht kompliziertes Fasernetz tatsächlich als eine Folge der geometrischen Optik einer Linse erklären. [3]

Das Komplexauge der Fliege besteht aus ungefähr 3 000 fast identischen Untereinheiten, den sogenannten Ommatidien, jedes mit einer eigenen kleinen Linsenkamera und mit acht getrennten lichtempfindlichen Elementen, den Rhabdomeren. Jedes Rhabdomer besteht aus dem besonderen spezialisierten Teil einer Zelle, einer sogenannten Retinulazelle. Die äußeren Enden der stabförmigen Rhabdomere liegen in jedem Ommatidium genau in der Brennebene des (invertierenden) optischen Systems und bilden dort ein sehr regelmäßiges Muster. Die Anordnung der Rhabdomere in jedem Ommatidium heißt aus guten Gründen „Retinula", kleine Retina. In der Tat entspricht jedem Rhabdomer ein Sehstrahl, den man sich nach außen fortgesetzt denken kann. Die sieben Sehstrahlen eines jeden Ommatidiums treffen eine Ebene im Gesichtsfeld in einer Anordnung von Punkten, die genau der Anordnung in der Retinula entspricht, nur um 180° verdreht. Die visuelle Information wird von den Sehelementen in den Retinulen aufgenommen und über die in ihnen enthaltenen Sehpigmente in die Art von Signalen verwandelt, die über Nervenfasern weitergeleitet werden. An der Wurzel jedes Ommatidiums, d. h. an der dem Gehirn zugewandten Seite, entspringt ein Bündel von acht Fasern, die zum ersten optischen Ganglion, der sogenannten Lamina ganglionaris, führen. Man wundert sich nicht, daß jedes dieser Bündel um 180° verdrillt ist. Der Anteil des Sehfeldes, der von den einzelnen Ommatidien gesehen wird, ist ja durch die Linse um 180° verdreht worden und könnte sich nicht ohne Bruch in das Gesamtbild einfügen, das durch die 3 000 Ommatidien des Fliegenauges aufgenommen wird. Dieses Gesamtbild ist nämlich aufrecht, nicht umgekehrt, da die nach vorne gerichteten Ommatidien vordere Teile des Gesichtsfeldes sehen, die nach hinten gerichteten hintere Teile usw. Durch den Drall der einzelnen Bündel um 180° wird aber jeder kleine, einem einzelnen Ommatidium entsprechende Bereich des Sehfelds wieder in die korrekte Lage gebracht und so dem Gesamtbild eingefügt (Abb. 25 und 26).

Das System dieser Fasern ist noch viel raffinierter angelegt, als es diese grobe Beschreibung vermuten läßt. Die sieben Sehstrahlen sind genau so angeordnet, daß jedem ein Sehstrahl in je einem der benachbarten Ommatidien entspricht (d. h. zu ihm parallel ist) [4]. Das kann man auch so sagen: Sieben Retinulazellen in sieben verschiedenen Ommatidien werden mit genau derselben Information gespeist, „schauen" immer auf genau denselben Punkt der optischen Umwelt. (Ich vereinfache die Beschreibung ein wenig, indem ich die achte Retinulazelle verschweige, die die Sache nur komplizierter machen würde, ohne etwas an dem Argument zu ändern.) Das Gesetz, das der obengenannten Verschaltung zwischen der Retina und der Lamina ganglionaris im Fliegenauge zugrundeliegt, ist dieses: Alle Elemente des Auges, die jeweils auf einen Punkt des Sehfelds schauen, entsenden ihre Axonen (Nervenfasern) in dieselbe Unterabteilung des Ganglions (Abb. 26) [5].

Die strenge Durchführung dieses Prinzips ist besonders in jenen Anteilen des Auges erstaunlich, in denen besondere Verhältnisse herrschen, wie am Rande des Auges (wo ein Ommatidium weniger Nachbarn hat als sonst) oder am sogenannten Äquator des Auges, wo die Anordnung der Retinulazellen

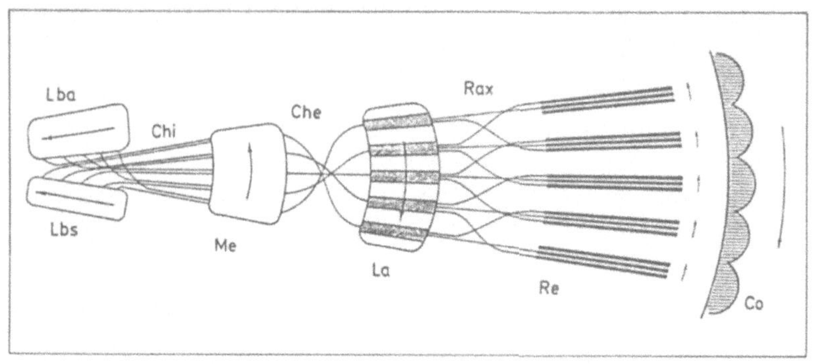

Abb. 25 Schema des Auges und der Sehganglien der Fliege. Co ist die Cornea, ein Raster von Linsen (in Wirklichkeit etwa 3000 pro Auge). Re ist die Retina mit jeweils drei lichtempfindlichen Elementen („Rhabdomere") zu einer Linse gehörig (in Wirklichkeit sind es sieben), und so angeordnet, daß ihre äußeren Enden in der Brennebene der Linsen liegen. Jede Linse entwirft ein kleines umgekehrtes Bild; das komplizierte Webemuster der Axone unterhalb der Retina (Rax) gleicht die Umkehrung des Bildes wieder aus und rekonstruiert das gesamte Sehfeld auf dem ersten Sehganglion (La). Weitere Inversionen des Bildes finden im äußeren Chiasma (Che) statt und im inneren Chiasma (Chi) zwischen dem zweiten (Me) und dem dritten (Lba, Lbs) Sehganglion, aber für diese Kreuzungen hat man noch keine einleuchtenden Erklärungen. (Che) ist ein Beispiel für eine Bildinversion, die nicht zwischen den beiden Gehirnhälften stattfindet, sondern in jeder separat.

sprunghaft in die dazu spiegelbildliche Anordnung übergeht. Horridge und Meinertzhagen haben in einer äußerst mühseligen Untersuchung die regelmäßige Faseranordnung über weite Bereiche des Auges Faser für Faser überprüft und haben dabei keine Ausnahme gefunden [6]. Man kann sich leicht überzeugen, daß es nicht etwa ein Lernvorgang ist, der dieses technische Wunderwerk vollbringt, weil das ganze Fasersystem schon gegen Ende des Puppenstadiums vollkommen feststeht, lange bevor das Komplexauge je einen visuellen Reiz empfangen konnte, abgesehen von dem schwachen und diffusen Licht, das vielleicht durch die Hülle der Puppe hindurchschimmert und sicherlich dem Gehirn keine genauen Aufschlüsse über das optische System des Auges geben kann.

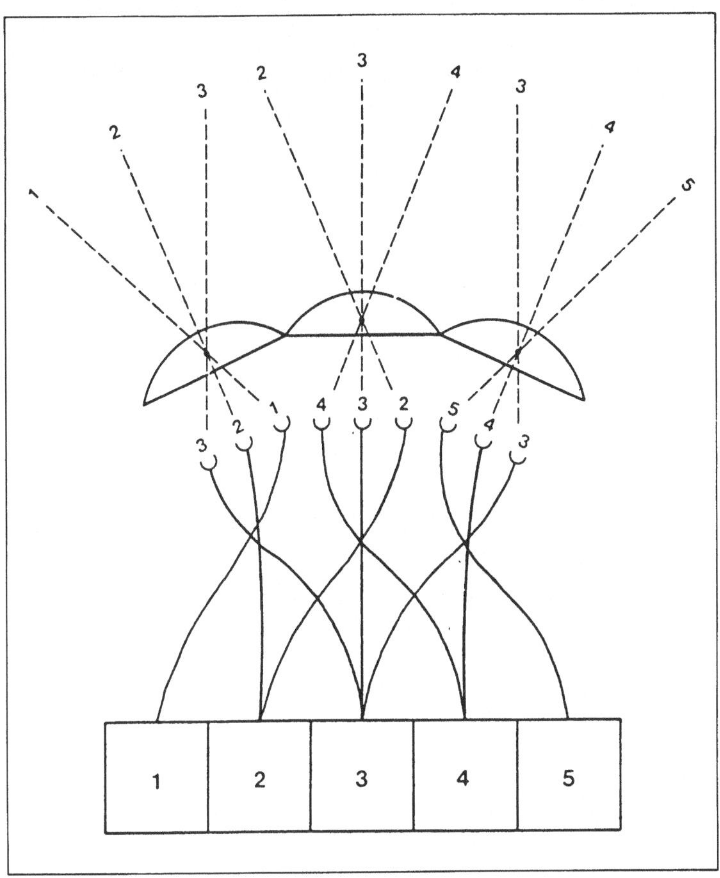

Abb. 26 Erklärung des Fasermusters Rax (Abb. 25) zwischen der Retina und dem Gehirn. 123, 234, 345, sind Punkte der Außenwelt, die jeweils von einer Linse gesehen werden. Die optische Projektion macht daraus die Reihenfolge 321, 432, 543. Durch das Fasersystem wird die ursprüngliche Ordnung 1 2 3 4 5 wieder hergestellt.

Geruchsorientierung:
Steuerung des Verhaltens mittels
symmetrischer Zügel

Das Eindrucksvolle an dem vorhergehenden Beispiel ist,
daß hier ein Stück Physik, die geometrische Optik eines Linsen-
systems, in ein Nervennetz eingebaut ist. Aber ich glaube nicht,
daß die Linse des Wirbeltierauges eine überzeugende Erklärung
für die gekreuzte Wiedergabe der Welt im Vertebratenhirn liefert
[7]. Ich habe eine andere Erklärung vorgeschlagen, die von dem
einzigen Sinnesorgan ausgeht, das durch eine ungekreuzte Projektion in den beiden Hirnhälften abgebildet ist, dem Geruchs-
sinn (Abb. 27). Die beiden Riechstränge führen direkt zur
gleichseitigen Hirnhemisphäre. Die Verknüpfungen der Hemisphären mit dem motorischen System verlaufen aber kreuzwei-
se, was bedeutet, daß ein bestimmter Geruch, der zuerst oder
stärker auf das eine Nasenloch trifft, sich stärker auf das motorische System der entgegengesetzten Körperseite auswirkt. Das

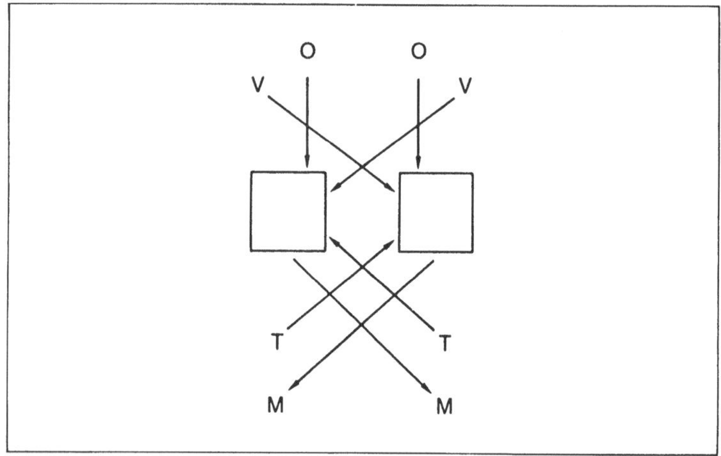

Abb. 27 Kreuzung des visuellen (V) und taktilen (T) Eingangs
zwischen der Außenwelt und den beiden Gehirnhälften (Vierecke).
Der motorische Ausgang ist ebenfalls gekreuzt (M). Nur der olfaktorische Eingang (O) ist ungekreuzt.

erinnert uns an Schemata wie bei Wesen 2 B und 3 B, mitsamt all den Eigenschaften, die wir dort diskutierten.

Die wichtigste nervöse Verbindung mag bei unseren frühesten Vertebratenvorfahren sehr wohl zwischen der Nase und einem für die Fortbewegung zuständigen Muskelbereich angelegt worden sein, da die Erfassung und das Verfolgen von chemischen Gradienten im Wasser sicher bei diesen Tieren ganz besonders wichtig war. Die Einzelheiten sind jedoch unklar. Zuerst einmal wissen wir nicht, welche Art von Motoren diese primitiven Vertebraten benutzten. Wenn sie hauptsächlich von einem Flossenpaar vorangestoßen wurden, so verhält sich der Fall analog dem unseres Vehikels der Sorte 2, nämlich so, daß der von dem Motor einer Seite — des Tieres oder des Vehikels — erzeugte Schub eine Drehung nach der entgegengesetzten Seite auslöst. Das Gegenteil trifft auf einen Fisch zu, der zu seiner Fortbewegung hauptsächlich abwechselnde Krümmungen seines Körpers nutzt. In diesem Fall erzeugt die Kontraktion der Muskeln einer Körperseite eine Wendung des Tieres zu dieser Seite hin. Es bleibt auch unklar, ob es für einen Fisch vorteilhafter ist, sich zu der Quelle hinzuwenden, die seine Bewegung in Gang setzt — diese Voraussetzung machte ich, um die Kreuzung zwischen olfaktorischem Input und motorischem Output zu erklären. Wie dem auch sei, diese Art von Erklärungen für die gekreuzte Projektion der Welt im Gehirn ist nicht von der Hand zu weisen. Sie baut auf einem umfangreichen Beobachtungsgebäude über Tierorientierung und -fortbewegung unter dem Einfluß verschiedener chemischer und physikalischer Stimuli auf; ältere Arbeiten dazu findet man in dem Buch von Fraenkel und Gunn [8] zusammengefaßt. Einer der Väter dieser Tradition, Jacques Loeb, trat in einer Reihe von Büchern [9] für eine mechanistische Auffassung ein, die an die Vehikel in diesem Buch erinnert. Die große Flut zoologischer Veröffentlichungen auf diesem Gebiet wurde sicher zum Teil von negativen Reaktionen auf seine Ideen ausgelöst.

Neben Wesen 2 und 3 findet das einfache, sozusagen eindimensionale Verhalten von Wesen 1 seine biologischen Entsprechungen sowohl in der älteren Literatur als auch in manchen neueren Arbeiten über Bakterien [10].

Orientierung und Fixation
von Gegenständen bei Fliegen (Wesen 4)

Wesen 4 mit seiner nichtlinearen Verknüpfung von sensorischem Input und motorischem Output hat Entsprechungen in der Neurophysiologie. Solche nichtlinearen Input-Output-Charakteristika sind auf jedem Niveau zu finden. Z. B. wird die Bewegung eines Objekts visuell nicht wahrgenommen, wenn sie zu langsam oder zu schnell verläuft. Bei einer bestimmten, für Fliegen und Menschen wohlbekannten Winkelgeschwindigkeit erhält sie eine optimale Antwort [11].

Wenn das nichtlineare Verhältnis von Input und Output durch verschiedene Charakteristika der Detektoren in Abhängigkeit von ihrer Position im Sinnesfeld variiert, so kann das resultierende Verhalten oft recht unübersichtlich werden. Oder umgekehrt, es ist möglich, erstaunlich komplexes Verhalten wie das einer Fliege, die durch einen Raum navigiert und auf einer Hängelampe landet, zu erklären, indem man einen Satz fast identischer, ziemlich simpler Bewegungsdetektoren annimmt, deren Output, positionsgewichtet, zu einigen wenigen Motoneuronen führt. Dieser Gedanke taucht in den Arbeiten von Reichardt [12] auf und findet seinen Vorläufer in frühen Erklärungen des Phototropismus [13].

Es handelt sich dabei wieder um das Komplexauge eines Insekts. Wir haben bereits gesehen, daß es aus einer großen Zahl fast identisch wiederholter Einheiten besteht, jede mit ihrer Linse und ihrem angeschlossenen rezeptiven und neuronalen Apparat. Es hat sich gezeigt, daß bei vielen Insekten die vom Auge aufgenommene und an das Gehirn weitergeleitete Information sich weniger auf die Verteilung von hellen und dunklen Punkten im Gesichtsfeld bezieht als auf die Stellen, an denen sich etwas bewegt, und auf die Richtung, in der diese Bewegung stattfindet, ziemlich unabhängig davon, was sich da bewegt. Es leuchtet ein, daß diese Art von Information von großer Wichtigkeit ist, wenn ein Insekt seinen Ort und seine Bewegungsrichtung und Geschwindigkeit während des Fliegens feststellen will, um sie in seine visuell gesteuerte Navigation eingehen zu lassen. Die Drehung des gesamten Gesichtsfelds um eine bestimmte Achse bedeutet fast immer (außer in besonders ausgeklügelten experimentellen Situationen), daß das Tier sich in der umgekehrten Richtung um dieselbe Achse gedreht hat.

Die Vorwärtsbewegung einer fliegenden Fliege erzeugt eine komplizierte Verteilung von Bewegungen in verschiedenen Teilen des Gesichtsfelds: Das Panorama strömt im Gesichtsfeld von vorne nach hinten, wobei die Bewegung von dem Punkt im Gesichtsfeld auszugehen scheint, auf den sich die Fliege zubewegt. Die Geschwindigkeit und auch die Strömungsrichtung an jedem Ort im Gesichtsfeld hängen aber von verschiedenen Faktoren ab, wie dem „Anstellwinkel", d. h. dem Winkel zwischen Körperachse und Flugrichtung, und besonders auch vom Abstand der einzelnen Dinge in der Umgebung der Fliege, aus denen das Panorama besteht. Die Messung der Geschwindigkeitsvektoren im ganzen Gesichtsfeld ergibt freilich eine große Menge wertvoller Information, aber es ist keine ganz leichte Aufgabe, sich auszudenken, welche weiteren Verrechnungen ein Gehirn anstellen müßte, um daraus den größten Nutzen für das Leben eines Insekts zu ziehen.

Allerdings stellt es sich vielleicht wieder heraus, daß das ganze System in Wirklichkeit einfacher ist, als es zunächst aussieht: Wir kennen bereits das Gesetz der leichteren Synthese und schwereren Analyse. Eine alltägliche Beobachtung an Fliegen, die im Experiment vielfach bestätigt wurde, ist ihre Neigung, auf Gegenstände zuzufliegen, die sich von einem homogenen Hintergrund abheben. Die Experimente stammen von Reichardt, die Beobachtung hat jeder gemacht, wenn Fliegen auf einer Lampe oder auf der Nase eines schlafenden Menschen landen. Es gibt eine sehr einfache Erklärung dafür (Abb. 28). Es ist bekannt, daß gesehene Bewegung dazu führt, daß sich die Fliege in dieselbe Richtung dreht. Doch kann die Wirkung der gesehenen Bewegung in verschiedenen Teilen des Gesichtsfelds verschieden sein. Nehmen wir an, daß die Bewegung von irgend etwas von vorne nach hinten seitlich von der Fliege zu einem stärkeren Mitdrehen der Fliege führt als die Bewegung des selben Dings an derselben Stelle von hinten nach vorne. Man kann sich leicht ausrechnen, was passiert, wenn dieses Ding sich abwechselnd von vorne nach hinten und von hinten nach vorne bewegt (oder, was praktisch dasselbe ist,

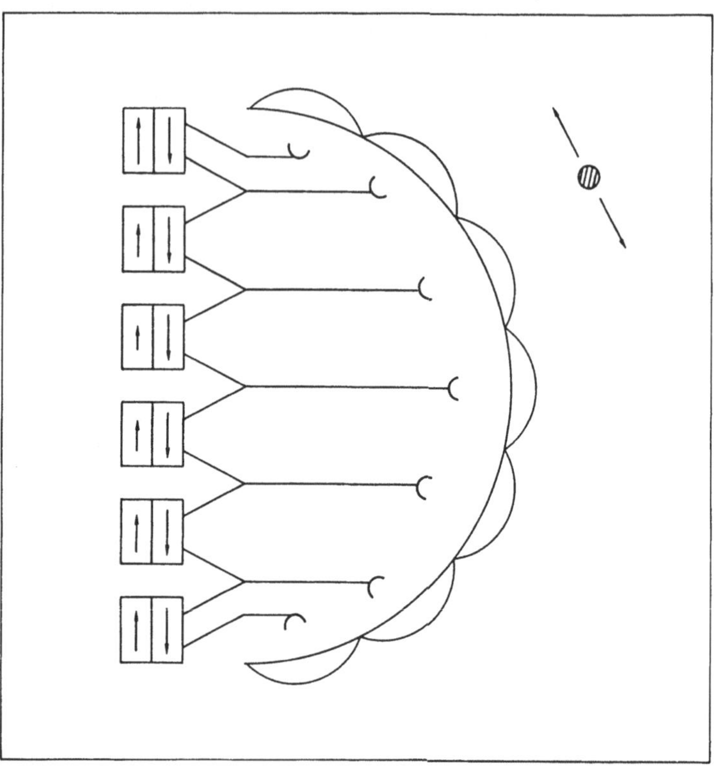

Abb. 28 Die Drehtendenz, die von gesehener Bewegung in entgegengesetzten Richtungen bei einer Fliege ausgelöst wird, kann verschieden stark sein (verschiedene Länge der Pfeile in den Kästen links). Ist die Projektion auf Bewegung nach hinten stärker, so ergibt sich eine Zuwendung zu hin- und herbewegten Gegenständen. Der Unterschied der Effekte der beiden Richtungen ist in verschiedenen Bereichen des Auges verschieden groß. Rechtes Auge. Vorne ist oben im Bild.

wenn der Kopf der Fliege rasche Hin- und Herbewegungen ausführt). Bei jeder kleinen Bewegung nach hinten dreht sich die Fliege ein bißchen mehr zu dem Ding hin, als sie sich bei der Bewegung nach vorne von ihm wegdreht. Das führt dazu, daß die Fliege zum Schluß genau auf das Ding zufliegt.

In Wirklichkeit sind die Verhältnisse ein bißchen komplizierter, doch im Prinzip erweist sich diese Erklärung als richtig.

Der Unterschied zwischen den Reaktionen der Fliege auf Vorwärts- und Rückwärtsbewegung scheint gesetzmäßig in verschiedenen Bereichen des Gesichtsfelds zu variieren. So wird beim ständigen Wackeln des Fliegenkopfes jedes besondere Panorama eine ganz bestimmte Drehtendenz bei der Fliege erzeugen, zusammengesetzt aus den vielen kleinen Drehtendenzen, die von jedem Punkt des Gesichtsfelds aus, entsprechend den Details, die dort zu sehen sind, ausgelöst werden, jedes Detail mit dem entsprechenden örtlichen Koeffizienten gewichtet. In einer gewissen Weise ist die komplizierte, auf den ersten Blick regellos erscheinende Flugbahn einer Fliege in einem Zimmer eine Abbildung dieses Zimmers, da, wenn alles stimmt, was ich eben gesagt habe, die Fluggeschwindigkeit und die Richtungsänderungen der Fliege ausschließlich von ihrer Initialgeschwindigkeit und von der Verteilung von Hell- und Dunkelwerten in der visuellen Umgebung der Fliege abhängen.

Ein anderes, wohlbekanntes Beispiel für nichtlineare Input-Output-Beziehungen wird an den Reaktionen vieler Tiere auf den Anblick anderer Tiere oder bewegter Objekte deutlich. Diese Reaktionen hängen von der Größe ab: Kleine Arten lösen Beutefangverhalten aus, sehr große Arten Flucht, und mittlere Größen werden genauer in Augenschein genommen. Solches Verhalten ist sogar auf gehirnphysiologischer Ebene bei einzelnen Neuronen im Sehsystem der Kröte nachgewiesen worden [14].

McCulloch und Pitts-Neuronen und wirkliche Neuronen (Wesen 5)

Wesen 5 ist eine Verkörperung des „Logischen Kalküls der der neuronalen Aktivität immanenten Ideen", einer alten Arbeit von McCulloch und Pitts [15]. Sie hat der modernen Hirnwissenschaft einen entscheidenden Auftrieb gegeben. Die experimentelle Basis lieferten elektrophysiologische Studien über das Rückenmark.

Der Einfluß eines Signals im Eingang (in der „Hinterwurzel") auf die Signale im Ausgang (in der „Vorderwurzel") desselben Rückenmarksegments ist unter gewissen Bedingungen „monosynaptisch": Die Fasern der Hinterwurzel führen direkt zu den Motoneuronen, von denen die Fasern der Vorderwurzel ausgehen. Als das Zusammenwirken verschiedener Eingangsnerven bei der Aktivierung von spinalen Motoneuronen analysiert wurde, stellten sich drei Tatsachen heraus, die sich als fundamentale Aussagen über die Art der Verrechnung von Signalen in Synapsen erwiesen. Interessanterweise war dies möglich, noch bevor man die Technik der elektrischen Ableitung von einzelnen Neuronen [16] entwickelt hatte. Einige Motoneuronen brauchten, um selbst aktiviert zu werden, die gleichzeitige Aktivität mehrerer Eingänge. In anderen Fällen genügten schon die Fasern eines einzigen Eingangsnerven, um die Schwelle der Neuronen zu erreichen. Und schließlich schien eine dritte Situation zu implizieren, daß einige Fasern die Motoneuronen hemmen, und zwar so, daß deren Aktivierung durch andere Quellen unwirksam wurde. Diese Schlußfolgerungen aus makroskopischen Eingang-Ausgang-Experimenten wurden später durch Untersuchungen mit Mikroelektroden an Motoneuronen bestätigt und als Folgen der elektrischen Eigenschaften der neuralen Zellmembran bzw. des Einflusses von chemischen Überträgersubstanzen auf diese Eigenschaften erklärt [17].

In ihrer berühmten Schrift stilisierten McCulloch und Pitts die verschiedenen funktionalen Beziehungen zwischen Neuronen als die Grundoperationen des Aussagenkalküls: Konjunktion, Disjunktion und Negation. Sie sind insofern grundlegend, als sie die ersten logischen Funktionen waren, die bereits von den Philosophen der Antike als fundamentale Bausteine der Logik eingeführt wurden und auch weil sie zusammen genügen, den ganzen Kalkül aufzubauen. Aber sie sind nicht einzigartig; andere Kombinationen solcher logischen Verknüpfungsarten könnten dasselbe leisten, ja sogar eine einzige Verknüpfungsart (es gibt zwei mit dieser Eigenschaft), die natürlich mit größerem Recht als grundlegend bezeichnet werden könnte.

Ist es dann ein Zufall, daß Konjunktion, Disjunktion und Negation von den Philosophen als erste benannt und später als fundamentale Eigenschaften von Neuronen und Synapsen im

Rückenmark wiederentdeckt wurden? Oder ist das Nervensystem wirklich aus diesen Operationen aufgebaut — mit der Folge, daß die Philosophen notwendigerweise im eigenen Denken die Gesetze wiederfinden, die in ihrem Gehirn realisiert sind? Oder beschrieb Sherrington in seinen physiologischen Schriften die Phänomene der Facilitation, Okklusion und Hemmung in einer Begriffswelt, die in ihm unbewußt als Überrest seines philosophischen Schulunterrichts nachwirkte und die vielleicht sogar implizit in der Struktur der englischen Sprache enthalten ist? Ich weiß die Antwort nicht.

Die Theorie der Nervennetze von McCulloch und Pitts bildet eine der Wurzeln der Automatentheorie [18], so sehr, daß in den Anfangsjahren manche Leute, die in Wirklichkeit an Computer dachten, die Worte „Neuron" und „Synapse" benutzten und Diagramme zeichneten, die ursprünglich für die Darstellung echter Nervennetze in tierischen Gehirnen entwickelt worden waren [19].

Tatsächlich war es damals üblich, „Neuronen" und „Schwellenelemente" als Synonyme zu verwenden, aber es gibt gute Gründe, warum ich den zweiten Ausdruck zur Beschreibung der Vehikelgehirne bevorzugte. Echte Neuronen haben Eigenschaften, die weit über die der einfachen Schwellenelemente, wie wir sie als Bausteine für unsere Vehikelgehirne verwendeten, hinausgehen. Sicher ist das bedeutendste Signal im Tiergehirn das „Aktionspotential", ein explosives Ereignis, das entweder in vollem Umfang oder gar nicht auftritt und sich, wenn es auftritt, mit unverminderter Intensität entlang der Fasern, die zu anderen Neuronen leiten, fortpflanzt. Darin ist offensichtlich der Begriff der Schwelle schon enthalten, da eine gewisse minimale Erregungsintensität erforderlich ist, um das explosive Ereignis in Gang zu setzen. Doch man kann darüber diskutieren, ob diese Schwellen die Rolle spielen, die wir ihnen zuschreiben, wenn wir an logische Verrechnungen mittels der Schwellenelemente denken.

Zunächst einmal fällt es schwer, sich solche Verrechnungen ohne eine Uhr vorzustellen, die eine strenge zeitliche Ordnung aufrechterhält. In der Theorie von McCulloch und Pitts wird die Zeit, ähnlich wie in digitalen Computern, durch eine Folge diskreter Augenblicke repräsentiert, wobei alle Zustandsänderungen immer zwischen einem Augenblick und dem darauffolgenden geschehen. In echten Gehirnen kann sich das kaum so abspielen. Der genaue Zeitpunkt, zu dem in einem Neuron ein Aktionspotential auftritt, hängt nicht nur vom Zeitpunkt der Ankunft der Erregung am Neuron ab, sondern auch von der Erregungsintensität (Abb. 29). Man kann sich das ähnlich wie bei einem Kondensator vorstellen, bei dem die Spannung zwischen den Platten um so schneller einen bestimmten Wert erreicht, je stärker der Strom ist, mit dem der Kondensator aufgeladen wird; die kritische Depolarisation der Nervenzellmembran, die den Spike auslöst, wird rascher erreicht, wenn die Erregung höher ist. Während es bei einem gewöhnlichen Schwellenelement in einem Computer keine Rolle spielt, um wieviel die Schwelle durch die Erregung überschritten wird, drückt sich im Gehirn die Stärke der Erregung im Zeitpunkt des Auftretens eines Aktionspotentials aus. Eine Folge davon ist u. U. die Desynchronisierung von Aktionspotentialen, die durch synchrone Erregung an einer Stelle des Nervensystems ausgelöst wur-

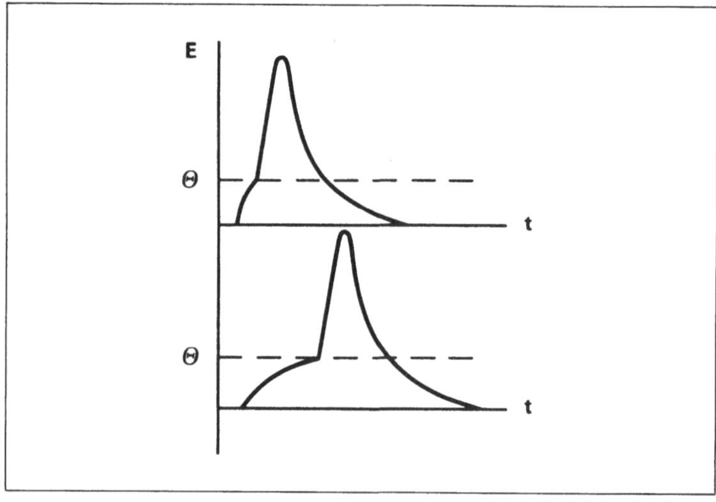

Abb. 29 Abhängigkeit des Aktionspotentials von der Stärke der Reizung. Die Form der raschen Komponente der Potentialänderung E (oberhalb der gestrichelten Linie Θ) hängt nicht mit der Intensität des Reizes zusammen, während die Zeit, in der die Schwelle Θ erreicht wird, bei stärkerer Reizung kürzer ist (obere Kurve).

den. Ob sich zwei Spikes an einer bestimmten synaptischen Verbindungsstelle treffen – und daher auch, ob sie in die Verrechnung einer bestimmten logischen Operation eingehen –, kann gerade von diesen unerwünschten Verzögerungen abhängen (Abb. 30). Die einfache Interpretation eines Nervennetzes als eines Automaten mit fester Struktur, der auf einer diskreten Zeitskala synchron arbeitet, wird unwahrscheinlich.

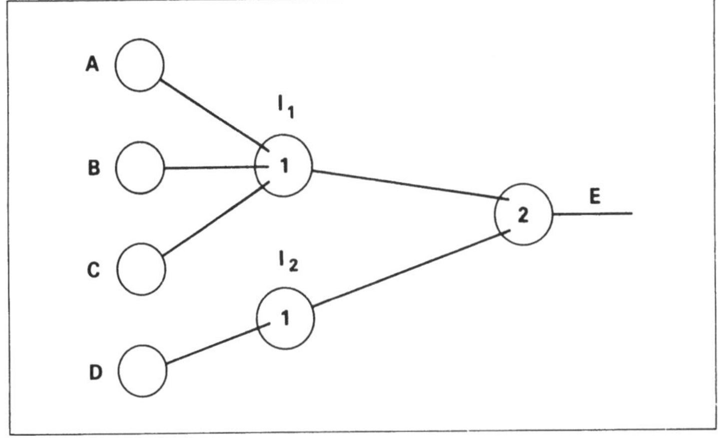

Abb. 30 Der in Abb. 29 beschriebene Effekt auf ein kleines Nervennetz angewandt. Hier können A, B und C alleine oder jeweils 2 oder 3 zusammen das Interneuron I_1 aktiv machen, da seine Schwelle einem aktiven Eingang entspricht. Aber je mehr Eingänge gleichzeitig aktiv sind, desto rascher wird I_1 sein Aktionspotential erzeugen. So kann es passieren, daß, wenn A, B, C und D gleichzeitig aktiv sind, die Signale von I_1 und I_2 bei E nicht mehr zusammenkommen. Damit ist gezeigt, daß Schwellenelemente mit einer diskreten Zeitskala vermutlich kein gutes Modell für Neurone sind.

Damit ist nicht gesagt, daß Neuronen nicht gelegentlich Alles-oder-Nichts-Reaktionen auslösen. Sehr schnelle Handlungen, wie sie in Gefahrensituationen, in Reaktionszeit-Experimenten im psychologischen Labor oder auch beim Sport vorkommen, müssen über Sequenzen von ganz wenigen Aktionspotentialen in den Neuronen des motorischen Systems gesteuert werden. Bei Neuronen, die gewöhnlich 10 bis 100 Aktionspotentiale pro Sekunde abgeben, muß die Reaktion auf einen Reiz, die in weniger als 0,1 Sekunden erfolgt, vom ersten oder von den ersten paar Aktionspotentialen ausgelöst werden.

Doch in vielen anderen Situationen, die von Neurophysiologen ausführlich untersucht wurden, besteht das einem Sinnesreiz entsprechende Signal im Gehirn eher aus einer Salve von Aktionspotentialen als aus einem einzelnen Aktionspotential. In solchen Salven variiert die Frequenz oft mit der Intensität des Reizes. Wenn man Begriffe aus der Nachrichtentechnik verwenden will, so kann man sagen, daß hier ein Analogprinzip wirksam wird, das der digitalen Wirkungsweise der Nervennetze von McCulloch und Pitts oder dem Automaten der Automatentheorie ganz fremd ist. Wir sind weit davon entfernt, den Code zu verstehen, oder besser die verschiedenen Codes, die zwischen Nervenzellen im Gehirn gelten. Eine Aussage der Informationstheorie bleibt jedoch gültig: Jede Nachricht kann theoretisch durch diskrete Signale in einer endlichen Zahl von Elementen dargestellt werden. Aus diesem Grund kann das Vehikelgehirn, obgleich es aus Schwellenelementen besteht, die sich sehr von lebenden Neuronen unterscheiden, doch einige sehr lebensechte Eigenschaften der natürlichen Informationsverarbeitung zeigen.

Viele Leser haben wohl in dem Vehikel, das Spuren am Strand hinterläßt, eine sehr elementare Ausführung einer Turing-Maschine erkannt. Wer mit diesem Begriff nicht vertraut ist, dem empfehle ich entweder Turings Originalarbeit oder auch Minskys Buch aus dem Jahr 1967 oder die sehr leserfreundliche Einführung von J. Sampson, 1967 [20].

Der letzte Satz in dem Kapitel über Wesen 5 bleibt notwendigerweise obskur, da die Idee selbst noch nicht richtig ausgearbeitet ist. Ich meine das Anwachsen der Speicherkapazität bei einem Gehirn, das über veränderliche Synapsen verfügt. Zweifellos ermöglicht dies dem Gehirn, im Muster seiner interneuronalen Verknüpfungen seine eigenen Aufzeichnungen zu machen und sie wieder abzulesen; doch der Weg, auf dem das geschieht, unterscheidet sich sehr von der Idee einer Turing-Maschine mit Band, Aufnahme und Wiedergabe-Kopf.

Evolution (Wesen 6)

Die spielerische Art, mit der wir die Vehikel der Sorte 6 herstellten, verbirgt zum großen Teil die Komplexität des Darwinschen Evolutionsprozesses. Mein Ziel war nicht, Werbung für die Evolutionstheorie zu machen. Allzu einleuchtend ist sie für die, die sich an ihrer entmystifizierenden Kraft begeistern, während die anderen nie aufhören werden, Schwierigkeiten und Gegenargumente zu erfinden. Dawkins hat ein Buch über Evolution geschrieben, „Das eigennützige Gen" [16], das auch Psychologen gefallen dürfte. Es ist ungetrübt von dem Wunsch, daß die Biologie letztlich doch nicht bloß auf die physikalischen Gegebenheiten zurückzuführen sei. Natürlich sind auch die Klassiker der Evolutionstheorie zu empfehlen [22]: Von Dawkins vorbereitet, wird auch der Nichtbiologe die informationsschaffende Kapazität des evolutionären Prozesses als ein psychologisches Abenteuer erleben.

Gedächtnis (Wesen 7, 10, 11, 12, 13, 14)

Von Vehikel 7 an haben wir eine Eigenschaft des Nervengewebes vor uns, die in der gegenwärtigen Technologie ihresgleichen noch nicht gefunden hat: das verteilte Gedächtnis, das sich direkt auf die logische Struktur des Nervennetzes auswirkt. In nahezu allen technischen Geräten, einschließlich der elektronischen Simulation von Nervennetzen auf Computern, wird Information, die in das Gedächtnis eingeht, separat festgehalten, außerhalb des eigentlichen Rechenwerkes, oft sogar in einem besonderen Kasten, dessen Struktur ganz anders ist als die des Rechners. Das kommt daher, daß weder Mnemotrix- noch Ergotrix-Draht im Handel erhältlich ist. Wenn eines Tages ein Ingenieur die Geschichte von unseren Vehikeln liest, so ist er sicher über die glatte Art verärgert, mit der ich die Durchführbarkeit von Dingen voraussetzte, die ihm als das eigentlich zu lösende technische Problem erscheinen. Ich bin aber damit nicht der einzige. Uttleys „Bedingte Wahrscheinlichkeits-Maschine" [18] setzt Elemente mit Eigenschaften ganz ähnlich denen eines Ergotrix-Drahtes voraus [23], und Steinbuchs „Lernmatrix" [24] funktioniert auch nicht ohne Mnemotrix-Verbindungen.

Diese und viele andere Modelle — besonders hervorzuheben das sehr einflußreiche (allerdings nur verbal formulierte) Modell von D. O. Hebb [25] — wurden alle unter dem Eindruck aufgestellt, daß „Assoziation" das bedeutendste Prinzip sei, nach dem das Gehirn Information von der Umgebung aufnimmt. Wenn Dinge häufig gemeinsam auftreten, so werden auch die ihr Erscheinen signalisierenden Neuronen im Gehirn irgendwie miteinander verknüpft. Ist diese Annahme richtig? Sie mag etwas zu einfach sein [26], aber man kann sich doch fragen, ob

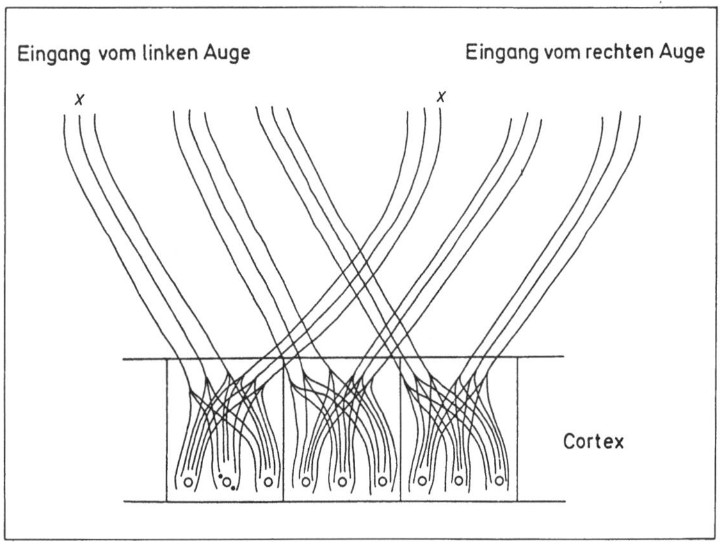

Abb. 31 Verfeinerung der Projektion des visuellen Eingangs auf die Sehrinde durch einen Lernprozeß. Die Fasern der beiden Augen erreichen den Cortex ungefähr in der richtigen Ordnung, so daß Bündel von Fasern von entsprechenden Stellen der beiden Augen in derselben Untereinheit des Cortex zusammenkommen. In der Folge suchen sich die corticalen Neurone Fasern vom rechten und vom linken Auge, die gewöhnlich zugleich aktiv sind (X) und machen mit ihnen starke Verbindungen (schwarze Punkte). Auf diese Weise kriegt jedes corticale Neuron letztlich den Eingang von Elementen, die in beiden Augen genau die gleichen Koordinaten haben.

es bei Untersuchungen mit Mikroelektroden an Einzelneuronen nicht irgendeine direkte physiologische Beobachtung gibt, die das Phänomen der Assoziation konkret zeigt (bisherige Annahmen dazu fußten im wesentlichen auf Beobachtungen psychologischer Art). Die Antwort ist nach Hubel und Wiesel [27] folgende: Ja, es gibt solche Beobachtungen, wenigstens in dieser Form: Künstlich erzeugtes Schielen bei jungen Katzen verhindert die normale Kooperation der beiden Augen und hat zur Folge, daß später einige der Verknüpfungen zwischen Auge und kortikalen Nervenzellen fehlen. Offensichtlich wird das Muster dieser Verknüpfungen durch die Erfahrung geprägt.

Diese Beobachtungen werden am besten auf folgende Weise erklärt (Abb. 31): Eine kortikale Nervenzelle ist anfangs diffus, aber schwach mit einer großen Anzahl von Eingangs-Fasern von beiden Augen her verknüpft. Mit der Zeit greift sie aufgrund ihrer Erfahrung jene Fasern vom rechten und linken Auge heraus, die meist gleichzeitig die gleichen Signale übermitteln, und stellt zu ihnen auf Kosten der anderen Fasern stärkere Verbindungen her. Auf diesem Weg wird sichergestellt, daß einzelne Nervenzellen des visuellen Kortex Signale von einander entsprechenden Stellen der beiden Retinae und also von gleichen Abschnitten des Sehfelds erhalten. Hier tritt das Assoziationsprinzip zutage; gleichzeitige Aktivität führt zu einer Verknüpfung. Auf makroskopischer Ebene entstand die Assoziationsphysiologie vor der Einführung der Mikroelektrode [28]: Paarweise elektrische Reizung von verschiedenen Teilen des Gehirns bewirkte, daß später die Reizung des einen der beiden Orte Effekte hervorrief, die vorher nur von dem anderen Ort aus erzeugt werden konnten.

Auf der Suche nach dem Engramm:
Die Anatomie des Gedächtnisses (Wesen 7, 11)

Diese neurophysiologischen Ergebnisse sind im Grunde nicht überraschend. Nachdem man weiß, daß Signale über Fasern und Synapsen von den Sinnesorganen durch das Gehirn letztlich zu den Muskeln geraten, wie sollte man sonst erklären, daß ein paar Neuronen im akustischen Teil des Rattengehirns, die auf den Klang einer Klingel ansprechen, zunächst keinerlei Wirkung auf die Motoneuronen der Vorderpfoten der Ratte haben, aber nach ein paar Dressurversuchen dort regelmäßig eine Bewegung hervorrufen, wenn man nicht annimmt, daß irgendwelche neuen anatomischen Wege oder neuen synaptischen Verbindungen in dem neuronalen Netzwerk geschaffen wurden? Allerdings haben wir im Detail noch recht geringe Vorstellungen von den Vorgängen, die sich beim Lernen im Nervengewebe abspielen, und wissen nicht einmal, welche Gewebsbestandteile dabei verändert werden.

Es gibt immer noch Leute, die annehmen, daß es sich um das Auswachsen von neuen Dendriten oder Dendritenzweigen handelt oder vielleicht auch um die Einschmelzung von Dendriten, während andere die Veränderungen eher im Auswachsen oder Einschmelzen von axonalen Zweigen vermuten. Man neigt jetzt mehr dazu, die Veränderungen, die dem Gedächtnis zugrunde liegen, in die bereits angelegten Synapsen zwischen Axonen und Dendriten zu verlegen, während man früher öfters von Neubildung von Synapsen sprach. Aber wenn die Veränderungen nur die Feinstruktur der Synapsen betreffen, dann kann man schlecht erklären, wieso sich die Größe des ganzen Gehirns bei der Aufnahme von Information ins Gedächtnis verändern sollte, was auch von einigen Forschern behauptet wurde [29]: Je mehr Information das Hirn aufnimmt, desto größer wird es angeblich. In Wirklichkeit machen die Synapsen nur einen winzigen Anteil des Gehirnvolumens aus.

Es ist Gott sei Dank nicht mehr Mode, darüber zu spekulieren, daß die im Laufe des Lebens ins Gedächtnis aufgenommene Information in einzelnen Molekülen des Gehirns gespeichert sei. Freilich gibt es eine Menge Ribonucleinsäure in den Zellkörpern der Nervenzellen, und es ist nicht ganz klar, was sie dort soll. Das ist aber noch kein Grund anzunehmen, daß die große Informationsspeicherkapazität der Ribonucleinsäure, in der bekanntlich genetische Information untergebracht wird, im Hirn plötzlich zur Speicherung des während eines Lebens gesammelten Individualwissens dienen sollte. Ich finde diesen Gedanken sogar irritierend, weil er zusätzliche Annahmen nach sich zieht oder voraussetzt, die komplizierter sind als die Tatsachen, die er angeblich erklärt. Wie ist die Information über das Gesicht, den Namen und die Äußerungen von jemandem, den ich eben kennengelernt habe, zu einem winzigen Codewort zusammendestilliert worden, das im Molekül einer Zelle (welcher?) meines Gehirns Platz hat? Schlimmer noch, wie kann ich später, wenn ich diesen Menschen wiedertreffe und erkenne, die makroskopische Konstellation von Aktionspotentialen in meinem Gehirn, die durch das Treffen ausgelöst wird, mit der winzigen Gedächtnisspur im Molekül vergleichen, so daß ich den Menschen tatsächlich wiedererkenne? Wird die Information beim zweiten Treffen vielleicht genau in derselben Zelle landen und dort in einem neuen Stück Ribonucleinsäure dargestellt werden, welches vielleicht parallel zu dem vorigen liegt und somit den Vergleich ermöglicht? Und wie hole ich die Information aus dem Molekül heraus, wenn ich diesen Menschen zu beschreiben versuche?

Die Versuche, die Frage nach der anatomischen Gestalt des Engramms experimentell anzugehen, leiden alle unter einer fundamentalen Schwierigkeit („Engramm" ist ein Wort, das vor vielen Jahren von Psychologen geprägt wurde, und bedeutet soviel wie Gedächtnisniederschlag. Es stammt aus einer Zeit, in der noch nicht die geringste Hoffnung bestand, solche Gedächtnisspuren je konkret im Gehirn zu finden). Nehmen wir an, wir hätten eine Vorstellung von den anatomischen Veränderungen, die dem Gedächtnis zugrunde liegen, und wollten sie experimentell beweisen. Wir geben einem Tier irgendetwas zu lernen und einem anderen nicht, das uns als Kontrolle dienen soll. Natürlich ist es nicht so, daß das Kontrolltier gar nichts erfuhr, während das Versuchstier seine Lektion lernte: Es hatte zur selben Zeit seine eigenen Erlebnisse und seine eigenen Gedanken. Wir müssen also imstande sein, die Veränderungen in den Gehirnen der beiden Tiere, die in derselben Zeit Verschiedenes ins Gedächtnis aufnahmen, zu unterscheiden. Aber um solche Unterschiede festzustellen, müßten wir erst wissen, an welchen Stellen genau die Information bei dem einen Tier angekommen ist und an welchen Stellen bei dem anderen. Wir müssen zugeben, daß wir davon keine Ahnung haben und deswegen erst gar nicht wissen, wo wir Gedächtnisinhalte suchen sollen. Höchstwahrscheinlich sehen zwei Aktivitätsmuster, die ganz Verschiedenes bedeuten mögen, im Gehirn zum Verwechseln ähnlich aus. Wir müssen annehmen, daß sie auf jeden Fall weit verstreute Muster von aktiven Neuronen in einem riesigen neuronalen Netzwerk sind.

Wir können annehmen, daß das Engramm in Veränderungen der Gehirnstruktur besteht, die man ohne Schwierigkeit im Elektronenmikroskop, vielleicht sogar im Lichtmikroskop erkennen kann, etwa Veränderungen in der Dicke von Axonterminalen, Veränderungen in der Zahl von synaptischen Bläschen in einzelnen Synapsen oder Veränderungen in der Ausprägung der prä- und postsynaptischen Membranspezialisierung. Was immer wir unserem Versuchstier beigebracht haben, im Gehirn erwarten wir nach der Dressur einige Synapsen von der einen Sorte und einige von der anderen, einige verändert und einige im Urzustand zu finden, da ja Information als ein Muster von Elementen in verschiedenen Zuständen auftreten muß (bei vielen Elementen, die alle im selben Zustand sind, kann man kaum von Information reden). Jedoch kann man verschiedene Muster nur dann unterscheiden, wenn man sie im Detail analysiert. Und das ist bisher noch nicht gelungen. Wir können verschiedene Muster von so oder anders gestalteten Synapsen im Gehirn zwar vielleicht sehen, aber nicht erkennen und unterscheiden. An dieser Stelle klemmt derzeit die anatomische Gedächtnisforschung.

Angesichts dieser Schwierigkeit haben manche Forscher versucht, Tiere mit einem extrem abnormen Sinneseingang zu versorgen, indem das Tier z. B. in vollständiger Dunkelheit aufgezogen wurde oder man es eines oder beider Augen beraubte. Bei solchem Vorgehen, für das man gern das Wort „Deprivationsexperimente" verwendet, kann man tatsächlich anatomische Veränderungen im Gehirn finden, doch bleibt die Frage offen, ob sie von derselben Sorte sind wie die, die bei einem normal aufgewachsenen Tier als Gedächtnisniederschlag dienen. Es würde einen gar nicht wundern, wenn die Entwicklung des Gehirns im Falle einer Maus, die niemals das Tageslicht gesehen hat, abnorm verliefe, wobei aber ein durch das Experiment ausgelöster abnormer Zustand des Hormonsystems die Hauptrolle spielen könnte und nicht der fehlende Signalfluß im Sinnessystem.

Es gibt aber Tiere, bei denen das Deprivationsexperiment sozusagen schon in der normalen Entwicklung vorgesehen ist, und die Kontrollexperimente werden dabei auch schon von der Natur mitgegeben. Was ich meine, ist der Vergleich von Gehirnen von verwandten Tierarten, wie Kaninchen und Hase, Ratte und Meerschweinchen, von denen die einen sehr unreif zur Welt kommen, während bei den anderen die Geburt in einem viel späteren Stadium der Embryonalentwicklung stattfindet. Ratten werden als winzige, nackte, blinde, hilflose Geschöpfe geboren, während Meerschweinchen bei der Geburt in ihrem Aussehen und in ihrem Verhalten dem erwachsenen Tier schon außerordentlich ähnlich sind. Wenn man die Entwicklung des Gehirns bei beiden Arten von den frühen Stadien an verfolgt [30], so findet man keine großen Unterschiede, bis auf die Tatsache, daß in dem einen Fall der Austritt aus dem Uterus sehr viel früher geschieht als im anderen, wenn man ihn jeweils auf dem entwicklungsgeschichtlichen Kalender einträgt.

Es gibt Vorgänge bei der Entwicklung des Gehirns, die bei der Ratte erst nach der Geburt stattfinden und durch Umweltreize beeinflußt werden können. Man hat gelegentlich solche Beobachtungen als Musterbeispiele der anatomischen Untersuchungen von Lernvorgängen dargestellt. Andererseits geschehen dieselben Entwicklungsvorgänge im Gehirn des Meerschweinchens zu einer Zeit, da der Embryo vollständig (oder fast vollständig) im Mutterleib von Umweltreizen abgeschirmt ist. Man darf also annehmen, daß die Gehirnbestandteile, die sich zu der Zeit entwickeln (z. B. die Dendriten und Axone von kortikalen Neuronen, die dendritischen „spines", die meisten Synapsen), wenigstens beim Meerschweinchen und sehr wahrscheinlich auch bei der normalen Ratte keine Umweltinformation beinhalten.

Wir müssen wohl genauer hinschauen [31]: Die anatomischen Veränderungen im Gehirn, die Gedächtnis bedeuten, könnten feiner sein als die, die wir bisher dafür verantwortlich gehalten haben. Schüz findet dafür einige gute Kandidaten, feine Unterschiede zwischen dem biologisch reifen, aber psychologisch unerfahrenen Gehirn eines neugeborenen Meerschweinchens und dem Gehirn eines erwachsenen, erfahrenen Tieres, als da sind: Unterschiede in der Gestalt der Synapsen auf elektronen-mikroskopischen Bildern, sowie Unterschiede in der Zahl der synaptischen Bläschen pro Synapse, aber auch viel gröbere Unterschiede in der Gestalt der sogenannten dendritischen Dornen, auf denen die meisten Synapsen der Gehirnrinde sitzen. Was diese Veränderungen zu guten Kandidaten für die Anatomie des Gedächtnisses macht, ist die Tatsache, daß die Varianz der gemessenen Werte mit dem Alter zunimmt. Wir wären enttäuscht, wenn irgendeine Veränderung in der Struktur der Synapsen im Laufe des Lebens alle Synapsen im selben Maße beträfe. Wir würden dann eher von Altern als von Lernen sprechen, da Gedächtnisspuren ja Synapsen in verschiedenem Maße betreffen müssen, um wirksam zu werden.

Vom Nutzen der Karten (Wesen 8, 9)

Es ist nur zu offensichtlich, daß Wesen Nummer 8 und 9 nicht nur aus einer kreativen Laune heraus entstanden sind. Sie verkörpern denjenigen Aspekt des Tiergehirns, der in den letzten hundert Jahren das Hauptthema der Hirnforschung ausmachte: die Darstellung äußerer Räume in den räumlichen Koordinaten des Nervensystems. Wir hielten solche inneren Abbildungen der Welt (oder unserer Körperoberfläche) bisher im allgemeinen für ein Vorrecht der primären Sinnes- und motorischen Felder der Großhirnrinde, doch neuerdings brachten verfeinerte Techniken nacheinander eine Menge von visuellen, taktilen, auditorischen und motorischen Karten ans Licht, die den größten Teil der vorhandenen Oberfläche des Cortex abdecken [32].

Man fragt sich, wo die Art von Verrechnung stattfindet, die sich nicht in eindeutiger Weise auf den geometrischen Raum bezieht. Intuitiv haben wir z. B. im Zusammenhang mit der Sprache keinen Gebrauch für 2- oder 3-dimensionale kartesische Koordinaten, so wenig wie in der durch eine Vielfalt von assoziativen Verknüpfungen verbundenen abstrakten Welt der Begriffe, die man heutzutage gern mit dem Schlagwort „semantische Netze" [33] schematisiert. Ob die geometrische Darstellung von Dingen der Außenwelt im Inneren des Gehirns einerseits und die mehr sprachartigen Funktionen andererseits zwei ganz verschiedenen Funktionsweisen des Gehirns entsprechen, ist allerdings in Frage gestellt worden [34], und es mag wohl Übergänge geben. Zunächst verblüfft aber im Gehirn das Vorherrschen der geometrischen Ordnung bei der Darstellung von Räumen und Dingen der Außenwelt.

Für mich gibt es keinen Zweifel an der funktionalen Bedeutung dieser geordneten Repräsentationen, ganz im Sinne der Fertigkeiten von Wesen 8, obgleich im Prinzip, auf entwicklungsphysiologischer Grundlage, andere Erklärungen möglich sind. Denn wenn man vor dem Problem steht, eine Million Sinneszellen mit einer Million Hirnzellen zu verschalten, dann ergibt sich natürlich als eine der einfachsten Lösungen, die Fasern zu einem ganzen Bündel zusammenzufassen, statt daß man das Ziel für jede Faser individuell festlegt. Bei diesem Ansatz würde man die aufrechterhaltene Ordnung vielleicht nur auf die Beibehaltung der Nachbarschaftsbeziehungen der Fasern im Bündel zurückführen, und dann wäre es müßig, sich über die funktionale Bedeutung der dabei entstehenden „Landkarte" Gedanken zu machen.

Doch das kann nicht alles sein. Manche Fertigkeiten, die wir in unsere Vehikel 8 und 9 eingebaut haben, waren von Funktionsprinzipien abgeleitet, die aus der Analyse von Tiergehirnen bekannt sind. Wir wissen einiges über Bewegungsdetektoren im visuellen System verschiedener Tiere, zum Beispiel der Fliegen. Zellen, die auf bewegte, visuelle Reize antworten, wurden in der Retina des Kaninchens identifiziert [35]. Bei einem Käfer, (Chlorophanus) definierten Hassenstein, Reichardt und Varju [36] Eigenschaften und Anordnungen eines Satzes von visuellen Bewegungsdetektoren quantitativ, obgleich die entsprechende Histologie bisher nicht mit Sicherheit identifiziert werden konnte. Ähnlich verhält es sich bei der Fliege [37], von der jetzt viel mehr über die verschiedenen Integrationsniveaus in den Ganglien bekannt ist, einschließlich neuroanatomischer Befunde, die Fasermuster von so erstaunlicher Präzision aufdeckten, daß sie einem mechanischen Vehikelgehirn entnommen zu sein scheinen [38].

Laterale Inhibition steht ebenfalls auf solider experimenteller Grundlage. Seit sie bei der menschlichen visuellen [39], auditorischen und taktilen [40] Wahrnehmung entdeckt worden ist, hat man sie als Prinzip neuronaler Interaktion auch im Auge des Pfeilschwanzkrebses Limulus Polyphemus [41] beschrieben, und seither in vielen anderen Zusammenhängen. Die Einfachheit dieses Prinzips und die sehr nützliche Informationsverarbeitung, die es bewirkt, forderte die mathematische Formalisierung heraus [42] und regte Spekulationen an, z. B. über seine Rolle als grundlegendes Rechenelement in zentralen Nervennetzen, wie im Cerebellum [43] und in der Großhirnrinde [44].

Der Anlaß zur Konstruktion eines 4-dimensionalen Würfels in Abb. 15 waren wilde Spekulationen, die gelegentlich im Kreise der Gehirnanatomen stattfanden. Ein Netzwerk kann in beliebig vielen Dimensionen symmetrisch angelegt und doch bequem in unserem vertrauten 3-dimensionalen Raum untergebracht sein, oder sogar im 2-dimensionalen Raum einer Zeichnung. Es ist sicher richtig, daß man bei einem Gebilde mit wesentlich faseriger Struktur, wie es das Gehirn ist, nicht ohne weiteres aus der makroskopischen Gestaltung auf die Geometrie der Nachbarschaftsbeziehungen der Elemente schließen kann. Es ist denkbar, wenn auch nicht sehr überzeugend, daß die genaue histologische Untersuchung von einem Stück Gehirn ein Netz von Neuronen ergibt, die ähnlich wie die Kugeln der Abb. 15 in vier oder mehr Dimensionen miteinander verbunden sind. Es kommt dabei immerhin zum Ausdruck, was bei der Interpretation von Gehirnstrukturen im allgemeinen sehr wichtig ist, nämlich daß durch den faserigen Bau die durch die geometrische Nachbarschaft zunächst gegebene Beziehungsstruktur weitgehend abgeschafft oder in ein ganz anderes System von regelmäßigen Nachbarschaftsbeziehungen übergeführt werden kann. Es könnten zum Beispiel alle Neurone ganz unabhängig von ihrem Abstand im Gewebe miteinander auf gleiche Weise verbunden sein, oder jedes Neuron könnte nur mit einem anderen verbunden sein, wobei sich das 3-dimensionale Gewebe in Wirklichkeit als eine eindimensionale Kette erweisen würde usw.

Das ist alles nicht sehr realistisch. Was man aber gelegentlich beobachtet, ist, wie ein Sinnesraum von mehr als zwei Dimensionen auf ein Cortex-ähnliches Gebilde im Gehirn projiziert wird, dessen Struktur allem Anschein nach 2-dimensional angelegt ist. Im Sehsystem gibt es dafür ein wohlbekanntes Beispiel. Obwohl jedes der beiden Augen ein 2-dimensionales Bild der optischen Umwelt aufnimmt, wird aus der Kombination der beiden Bilder ein drei-dimensionales Bild des Sehraums konstruiert. Tatsächlich kommen die beiden Bilder in demselben Stück der Gehirnrinde zusammen, wo dann die Information über die dritte Dimension vermutlich gewonnen wird. Doch werden die beiden Bilder zuvor auf eine merkwürdige Weise zerlegt, in Streifen zerschnitten, die, immer abwechselnd ein Streifen vom rechten und einen vom linken Auge, auf dem Cortex parallel zueinander angeordnet sind. Die zweidimensionale Cortexoberfläche dient somit nicht nur dazu, die zwei Dimensionen des Sehraums darzustellen, sondern auch noch, um die Eingänge von den beiden Augen auseinanderzuhalten [45]. Es ist noch nicht klar, wie die dritte Dimension des Raums, die in der Projektion auf die Retina verlorengeht, durch Verrechnung wieder gewonnen wird und das Erlebnis vermittelt, das man „stereoskopisches Sehen" nennt. Wir wissen auch nicht, wo die Dimension der Tiefe im Gehirn dargestellt ist, aber es ist ziemlich sicher, daß dazu nicht einfach die zu der zweidimensionalen Darstellung orthogonale Koordinate, also die Richtung senkrecht auf der Cortexoberfläche, dient.

Eins ist wichtig: Wenn die geordnete Projektion von Sinnesräumen auf das Gehirn der Unterscheidung stetiger von sprunghaften Bewegungen dient, so ist der Verlust einer Dimension bei der Projektion nicht gravierend, da eine kontinuierliche Bewegung im Sinnesraum immer als eine kontinuierliche Bewegung in der Projektion und eine Unterbrechung oder ein Sprung meistens als Unterbrechung oder Sprung auch in der Projektion erscheint.

Gestalten: Die Morpheme des Sehens
(Wesen 9)

Wesen 9 ist insbesondere dem Andenken der Gestaltpsychologie gewidmet. Unter dieser Bezeichnung machte sich eine Gruppe hervorragender Psychologen während des ersten Drittels dieses Jahrhunderts an die Erforschung der Gesetze, aufgrund derer ähnliche Gestalten für den Menschen ähnlich aussehen [46]. Wie recht sie mit ihrer Betonung dieses Problems hatten, wurde jedem, einschließlich den Computer-Ingenieuren, klar, als sie später versuchten, effiziente Apparate zur Unterscheidung von Formen (feindlichen Flugzeugen, handgeschriebenen Adressen, turbulenten oder nichtturbulenten Wolkenmustern usw.) zu bauen [47].

Weniger erfolgreich waren die Gestaltpsychologen jedoch bei dem Versuch, ihre Entdeckungen mit funktionalen Prinzipien der Hirnphysiologie in Verbindung zu bringen. Damals war über Neuronen und ihre Verknüpfungen im Gehirn nicht genug bekannt, und was man schon wußte, wurde oft so dargestellt, daß die Computer-ähnlichen Aspekte dabei unter den Tisch fielen. Der Fortschritt vollzieht sich in diesem Bereich langsam, und wir sind zum größten Teil immer noch auf Spekulationen angewiesen [48]. Wir fangen eben erst an, einige der Codewörter zu verstehen, die das Gehirn bei der Einteilung von Gestalten in Kategorien verwendet, sozusagen die Elemente von Bedeutung, die man in die visuelle Umwelt projiziert, um sie wahrzunehmen oder, mit einem der Linguistik entlehnten Begriff, die Morpheme der visuellen Perzeption. Hier sind einige Beispiele:

Die Zusammenballung von Gleichartigem ist zweifelsohne eine der wichtigsten Kategorien des Formensehens, vielleicht das grundlegendste Morphem in der inneren Sprache des Gehirns. Die Plejaden werden auf dem Nachthimmel als ein einheitliches Objekt gesehen wegen der gleichmäßigen Helligkeit und Farbe von Sternen, die dort zueinander benachbart sind. Tatsächlich entspricht das Morphem „örtliche Dichte" in diesem Falle einer physikalischen Realität, der Wechselwirkung durch Gravitation und dem gemeinsamen Ursprung dieser Sterne.

Ein weiteres Beispiel: eine Reihe von Geräuschen, alle ausgezeichnet durch Komponenten im höheren akustischen Frequenzbereich, weisen auf ein Tier hin, das sich in meiner Nähe im Gebüsch bewegt. Die neuronale Aktivität, die dabei in jener Gegend meines akustischen Systems am dichtesten ist, wo die hohen Frequenzen dargestellt sind, wird sofort von irgendwelchen neuronalen Detektoren registriert, die ihre Signale an ein Warnsystem im Gehirn weiterleiten.

Die örtliche Dichte von Neuronenaktivität spielt sicher auch noch auf höheren Niveaus eine Rolle, auf denen die Sinnesdaten bereits auf verschiedene Weise filtriert vorliegen. So sehen wir z. B. sofort die Bewegung von Figurelementen in weit auseinanderliegenden Teilen des Gesichtsfeldes, wenn sie sich alle in derselben Richtung und mit derselben Geschwindigkeit bewegen. Dieser Effekt wurde mit der Bezeichnung „gemeinsames Schicksal" von den Gestaltpsychologen beschrieben und ist neuerdings von H. B. Barlow [49] im neurophysiologischen Zusammenhang diskutiert worden. Man muß annehmen, daß in diesem Fall die Gleichzeitigkeit von Aktivität im Gehirn nicht in dem Gebiet entdeckt wird, in dem das Sehfeld als solches dargestellt ist, sondern in einem Gebiet, in dem gesehene Bewegungen, unabhängig von ihrer Lage im Gesichtsfeld, nach ihrer Richtung und vielleicht nach ihrer Geschwindigkeit geordnet, dargestellt sind.

Die Wahrnehmung von örtlicher Dichte der Gehirnaktivität kann man ganz leicht mit neuroanatomischen Strukturen in Zusammenhang bringen. Die Neuronen im Gehirn sind stark verzweigte, sternförmige Gebilde, deren Durchmesser in vielen Fällen, besonders auffällig in der Gehirnrinde, etwa um einen Faktor 10 größer ist als der Abstand eines Neurons zu seinem Nachbarn. Die Verzweigungen der Neuronen sind also stark ineinander verschränkt. Die Dendritenbäume der Neuronen sind ziemlich gleichmäßig überall mit Synapsen besetzt, Tausende von Synapsen pro Neuron, über die die Signale ankommen. So zeigt das Aktivwerden eines Neurons die Erregung von einer großen Wolke von Synapsen an, die um das Neuron herum liegt, und die Wolken, die zu benachbarten Neuronen gehören, sind nur um weniges verschoben. Die Dendritenbäume kleinerer Neurone können sogar vollständig innerhalb der Dendritenbäume größerer Neurone liegen (Abb. 32). Die Wolken von Aktivi-

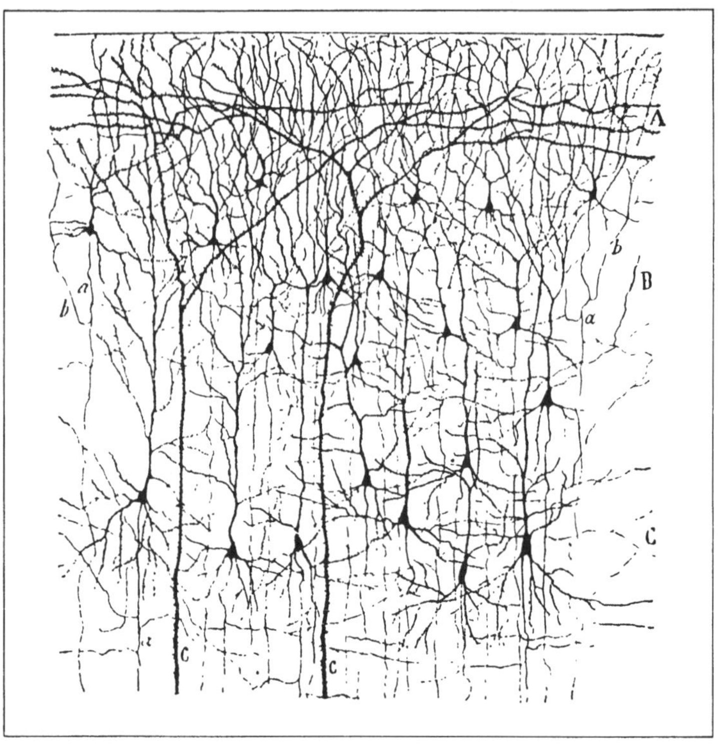

Abb. 32 Aus Cajal, 1911. Zeichnung eines mit der Golgi-Methode hergestellten Präparats der oberen Schichten der menschlichen Sehrinde. Nur ein kleiner Teil der gesamten Neuronenbevölkerung wird durch diese Methode dargestellt. Sie sind alle vom Typus der Pyramidenzellen, jedoch ist die Größe der dendritischen Verzweigungen sehr verschieden. Von einigen riesigen Zellen der unteren Schichten sieht man nur einen Teil ihres Apikaldendritenbaumes, dessen Ausdehnung auch seitlich weit über das Bild herausreicht (c).

tät, die von einzelnen Neuronen signalisiert werden, durchdringen sich offenbar wie Geister, für die nicht die Gesetze gelten, die man von festen Körpern her kennt. Es ist nicht schwer zu erklären, wie man bei einem Punktmuster die verschiedene Dichte der Punkte sofort sehen kann, indem man offenbar im Gehirn die Aktivierung von verschiedenen Neuronen mit großen Dendritenbäumen vergleicht, und wie man andererseits einzelne Punkte und sogar die Gestalt der einzelnen Punkte erkennen kann, indem man offenbar das Raster der Neuronen mit kleinen Dendritenbäumen abliest.

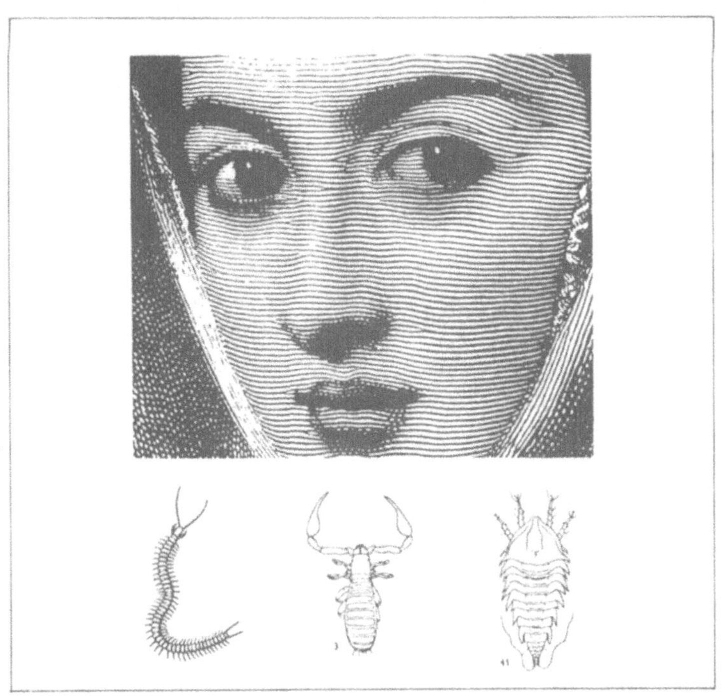

Abb. 33 Der neurale Zoomeffekt. Unser Auge mittelt die Grauwerte über die Schraffierung, durch die bei dem Kupferstich oben der Eindruck einer glatten Haut vorzüglich wiedergegeben wird. Schaut man jedoch auf die kleinen Tiere darunter, so schaltet das Auge sofort auf Details um, die jetzt in jeder Einzelheit sichtbar werden, obwohl sie kleiner sind als die Striche der Schraffierung oben.

Es gibt sogar so etwas wie einen neuronalen Zoomeffekt, der offenbar mit der in Abb. 32 abgebildeten Struktur zusammenhängt. An Abb. 33 kann man folgende Beobachtung machen: In dem Ausschnitt eines alten Kupferstiches oben kann man die Glätte und die sanften Rundungen der Haut sehr schön unmittelbar erkennen, indem man die Grauwerte über die Schraffierungen hinweg mittelt. Man ist sich der einzelnen Striche überhaupt nicht bewußt und sieht sie nur, wenn man besonders darauf achtet. Schaut man andererseits auf die Beine des Tausendfüßlers im unteren Teil des Bildes, auf die Körpersegmente der drei abgebildeten Arthropoden, auf die Gestalt der Zangen des Bücherskorpions, so sieht man sofort alle Einzelheiten mit der ganzen räumlichen Auflösung, deren unser Sehsystem fähig ist. Man beachte, daß die Abstände zwischen den Beinen des Tausendfüßlers kleiner sind als die zwischen den einzelnen Strichen der Schraffierung auf dem Gesicht und die Zahlen neben den Tieren noch kleiner.

Diese Beobachtung beweist, daß wir rasch und unwillkürlich von einem System von räumlichen Filtern zu einem anderen umschalten können und dabei dem formerkennenden Mechanismus verschiedene Bänder des Raumfrequenzspektrums zur Verfügung stellen. Was das für das Nervennetz (Abb. 32) bedeutet, ist, daß Scharen von größeren und kleineren Neuronen den visuellen Eingang aufnehmen und weiterleiten können, wobei jeweils jene Schar zur Wirkung kommt, in der ein Bild entsteht, mit dem das Gehirn am meisten anfangen kann.

Eine weitere Kategorie der visuellen Perzeption ist die der Kontinuität von Strichen und Bewegungen. Ähnlich wie die Kategorie der örtlichen Dichte ist auch diese in der Struktur der Nervennetze, wie wir sie im Mikroskop sehen, bereits vorgegeben. Auch sie überzeugt uns vom Nutzen der gehirninternen Karten. Es ist keine Kunst, sich ein Netzwerk von „Neuronen" vorzustellen, mit Verbindungen nur zwischen den nächsten Nachbarn (Abb. 34), über die gerade so viel Erregung weitergeleitet wird, daß der Eingang vom Sinnesorgan nur dann wirksam wird, wenn eines der benachbarten Elemente kurz vorher auch erregt war. Ein solches Netzwerk würde auf die auf einen kleinen Fleck begrenzte Erregung sehr viel stärker antworten, wenn sich der Fleck kontinuierlich über das Netzwerk bewegt, als auf unzusammenhängende Flecken oder sprunghafte Bewegungen. Diese Art von neuronaler Verknüpfung findet man in verschiedenen Teilen des Nervensystems, z. B. in den Parallelfasern des Kleinhirns oder in den Axonkollateralen der Großhirnrinde, wenn auch im letzten Falle aus irgendwelchen Gründen die Elektrophysiologen Schwierigkeiten haben, die Wirkung des exzitatorischen Netzwerks nachzuweisen.

Ein Netzwerk wie das der Abb. 34 kann auf sehr überzeugende Weise zwischen wirklichen Dingen und Halluzinationen unterscheiden, denn eine der allgemeinsten Aussagen, die man über die Dinge dieser Welt machen kann, ist, daß sie sich mit endlicher, gewöhnlich recht kleiner Geschwindigkeit und ohne

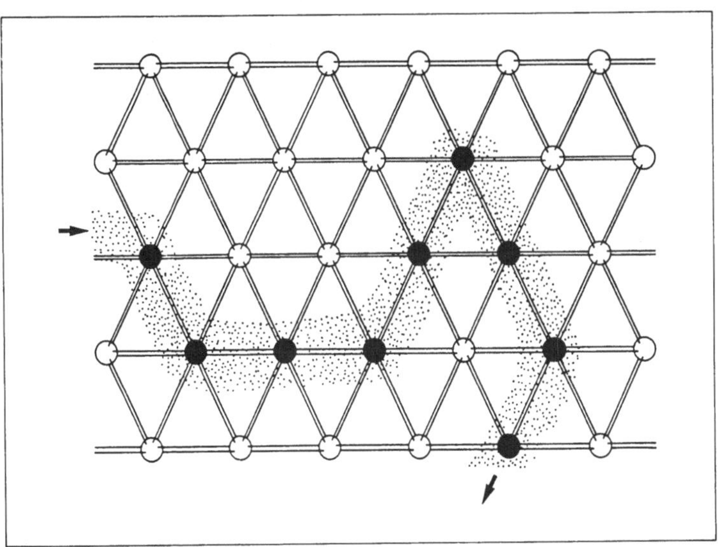

Abb. 34 Ein Neuronennetz, das auf kontinuierliche Bahnen reagiert. Benachbarte Elemente erregen einander unterschwellig. Auch der Eingang bleibt unterschwellig, außer, wenn er auf ein Element trifft (schwarze Punkte), bei dem mindestens ein Nachbar vorher vom Eingang betroffen war. Auf diese Weise können nur kontinuierliche Reizfolgen, z. B. der durch Punktierung angedeutete Weg, zur Erregung der Neuronen führen.

Sprünge bewegen. Was man allerdings nicht so leicht erklären kann ist aber, daß beim Gestaltsehen die Kontinuität eines Umrisses oder eines Striches nicht nur auf diesem banalen Niveau erkannt werden kann. Kanizsa [50] hat viele Beispiele konstruiert, bei denen man Konturen sehen kann, die in der angebotenen Graphik überhaupt nicht enthalten sind (Abb. 35). Offenbar werden diese Konturen vom Beobachter, und zwar von allen Beobachtern auf dieselbe Weise, in einem unbewußten Prozeß konstruiert, der wohl zum Teil auf Erfahrung und zum Teil auf angeborenen Mechanismen beruht. Wir lernen daraus, daß es vielleicht etwas künstlich und jedenfalls unnötig ist, zwischen perzeptiven und kognitiven Prozessen eine scharfe Grenze zu ziehen [51].

Es wäre überraschend, wenn sich herausstellte, daß das Gestaltmerkmal der bilateralen Symmetrie nichts mit der

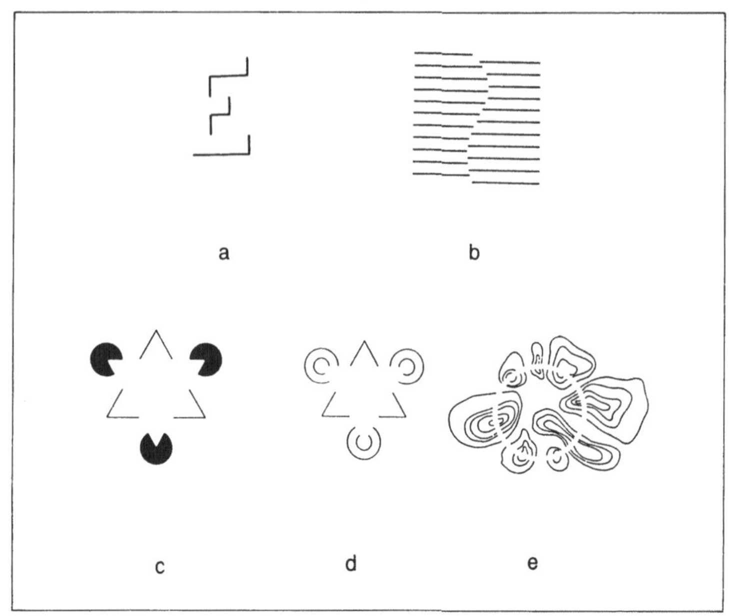

Abb. 35 Konturen, die im Bild nicht enthalten sind, werden durch eine aktive Perzeptionsleistung in das Bild hineininterpretiert. a: aus Brunswik, 1935; b: aus Kennedy, 1974; c, d und e: aus Kanizsa, 1974, alle zitiert in Metzger, 1975.

symmetrischen Gestalt des Gehirns zu tun hätte. Die einfache Erklärung, die ich bei Wesen 9 angeboten habe, ist ziemlich überzeugend. Dieses starke Formelement, die Spiegelsymmetrie gegenüber einer vertikalen Geraden, die sich genau in der Blickrichtung befindet [52], hat eine klare Entsprechung in der Neuroanatomie: die Kommissuren, die symmetrische Punkte des rechten und linken Gehirns miteinander verbinden. Die gewaltigste Kommissur, der Balken, enthält beim Menschen etwa 200 Millionen Fasern, hundertmal mehr als die Fasern in den beiden Sehnerven. Daraus geht schon hervor, daß dieses Fasersystem zu mehr da ist als nur zum Vergleich des visuellen Eingangs in den beiden Hälften des Gesichtsfeldes, die auf den beiden Gehirnhälften abgebildet sind. Ohne Zweifel ist die bilaterale Symmetrie eine wichtige Eigenschaft auch bei anderen sensorischen und motorischen Leistungen. Die primäre Sehrinde ist übrigens aus dem allgemeinen Schema der symmetrischen Verknüpfung ausgenommen. aber die sekundären und tertiären visuellen Areale, in denen vermutlich die Gestaltanalyse zu Hause ist, verfügen über ein reiches System von kommissuralen Verbindungen.

Wir sind heute viel mehr als früher geneigt, komplizierte Leistungen auf dem Gebiet der Perzeptions- und kognitiven Psychologie einfach zu erfinden, in der Hoffnung, dabei auf Mechanismen zu stoßen, die den im Gehirn vorhandenen vielleicht ähnlich sind. Man nennt das Künstliche Intelligenz, von unserer Warte aus könnte man es auch Synthetische Psychologie nennen. Ein Vorzug der Computertechnologie ist die Möglichkeit, Spekulationen sofort in Maschinen zu übersetzen. Dabei wird ihr Wert oder Unwert rasch deutlich, und der Umsatz an Ideen steigt. Wir können uns mit unseren Gedanken über das Gehirn nicht mehr in dem sicheren Gefühl wiegen, daß ihre Falsifizierung die technischen Möglichkeiten überfordert. Die meisten Einfälle können in Computerprogramme übersetzt und so auf einfache Weise experimentell überprüft werden.

Und doch gibt es noch viel Unverstandenes in der Wahrnehmungslehre. Niemand weiß, welches Prinzip wir anwenden, wenn wir einzelne Gesichter von bekannten Menschen unter Millionen von Gesichtern wiedererkennen. Selbst wenn wir das Problem auf das Erkennen von Profilen beschränken und dadurch sehr vereinfachen, bemerken wir, daß auch die Perzeption und Unterscheidung von Silhouetten noch keineswegs voll verstanden ist. Konturen werden vermutlich aus dem visuellen Eingang durch einen Prozeß der lateralen Inhibition gewonnen, den wir aus der Diskussion von Wesen 8 (Abb. 14) bereits kennen. Zweifellos ist die meiste Information, die wir brauchen, um mit den Dingen unserer Umgebung umzugehen, bereits in den Konturen enthalten, wie man schon daran erkennen kann, daß die Umrißzeichnung eines der verbreitetsten und effizientesten Mittel der nichtverbalen Kommunikation darstellt (jedenfalls vor der Erfindung der Fotografie).

Die eigentlichen Schwierigkeiten treten auf, wenn wir versuchen, uns vorzustellen, wie Konturen weiter im Gehirn verarbeitet werden. Eins ist sicher: daß das Gehirn nicht so verfährt wie bisher die Nachrichtentechniker, die beim Erkennen von Gestalten in ihren Versuchen, den menschlichen Beobachter durch Maschinen zu ersetzen, recht magere Erfolge vorzuweisen haben. Ich bin überzeugt, daß der menschliche Mechanismus der Gestaltperzeption mindestens die zwei Prinzipien anwendet, die in Abb. 36 und 37 dargestellt sind. Einerseits klassifizieren wir Gestalten ganz grob, je nachdem, ob sie Fortsätze oder Anhängsel haben, die unter Umständen mit unseren Bewegungen in Konflikt geraten könnten, wenn wir mit Dingen hantieren, die so gestaltet sind. Ein Beispiel: Die gefährliche Funktion einer Pfeilspitze mit Widerhaken ist genau dargestellt in dem abstrakten Schema, das man in technischen Zeichnungen als Pfeilspitze bezeichnet, und ist ziemlich unabhängig von der genauen Gestalt des Umrisses (Abb. 36).

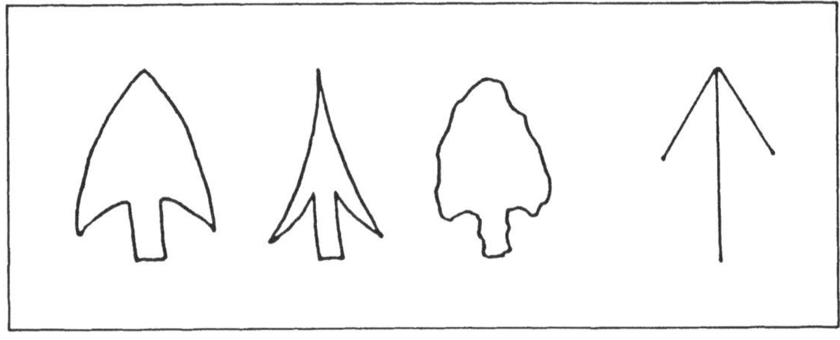

Abb. 36 Verschiedene Formen von Pfeilspitzen. Ihr Wesen ist in dem abstrakten Schema rechts dargestellt.

Andererseits nehmen wir dauernd eine überraschende Menge von Information über Einzelheiten der Krümmung eines Umrisses auf. Wir entdecken sofort den Sprung in der zweiten Ableitung der Kurven, die aus vier Kreisbögen zusammengesetzt sind, während irgendetwas in unserer Perzeption („das innere Auge"?, der Blick tut es nämlich nicht) angenehm glatt über die sich stetig ändernde Krümmung der einzigen echten Ellipse gleitet (Abb. 37).

Man denkt dabei gern an Hubel und Wiesels Detektoren für orientierte Striche im Sehsystem von Katzen und Affen, die

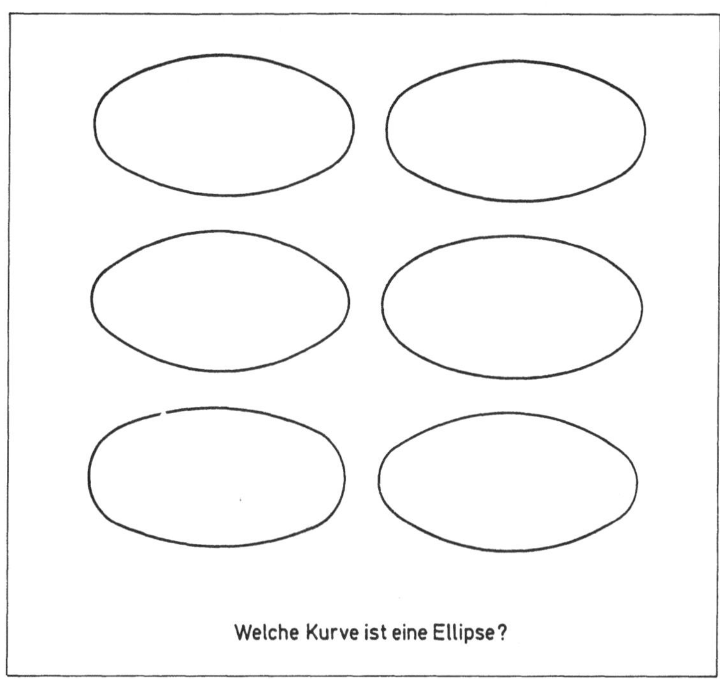

Abb. 37 Wahrnehmung von Unstetigkeiten in der zweiten Ableitung von Kurven. Fünf dieser geschlossenen Kurven bestehen aus Kreisbögen mit verschiedenen Radien, an Stellen miteinander verbunden, wo sie eine gemeinsame Tangente haben. Nur eine Kurve entspricht einer einzigen algebraischen Gleichung des zweiten Grades. Jedermann erkennt sie sofort. Aus Scheffers, 1911 (35).

vielleicht einer Krümmungsanalyse von Kurven im Sehfeld zugrunde liegen [54]. Diese Autoren haben gezeigt, daß jedes kleine, etwa millimetergroße Stück von Sehrinde Strichdetektoren sämtlicher Orientierungen enthält, einige davon auf weiße Striche spezialisiert, andere auf schwarze Striche und andere gar auf Trennlinien zwischen schwarz und weiß. Man hat den Eindruck, daß die Orientierung von Strichen ähnlich wie die Farbe und der Ort im Gesichtsfeld zu den primären Elementen der Sehwahrnehmung gehört. Aber was gar nicht klar ist, ist der Mechanismus, der im Cortex bei benachbarten Bildpunkten die Orientierungen vergleicht und dabei nicht nur Krümmungen entdeckt, sondern auch noch örtliche Änderungen der Krümmung (Abb. 37). Die Strichdetektoren von Hubel und Wiesel erklären bisher eigentlich nur die erste Ableitung der Kurven, nicht die Ableitungen höherer Ordnung.

Eine angeborene Kategorie in der akustischen Wahrnehmung (Wesen 8, 9)

In der Akustik lassen sich fundamentale Wahrnehmungskategorien mit wohlbekannten physiologischen Tatsachen in Zusammenhang bringen. Für die meisten von uns klingt eine Melodie in verschiedenen Tonarten praktisch identisch. Diese erstaunliche Feststellung wird einigermaßen erklärt dadurch, daß im Cortex (und im Hirnstamm) die akustischen Frequenzen im logarithmischen Maßstab, ähnlich wie auf einer Klaviertastatur (Abb. 38) aufgetragen sind [55]. Die sich daraus ergebende Verschiebungs-Invarianz für Tonmuster, die durch konstante Frequenzverhältnisse charakterisiert sind, gilt als eine der grundlegenden Tatsachen der Musiklehre. Der Durdreiklang, bestehend aus drei Tönen mit den Frequenzverhältnissen $4 : 5 : 6$, erscheint sowohl auf dem Notenpapier, wie auf der Tastatur des Klaviers und auf der Heschlschen Windung meiner Großhirnrinde immer als die gleiche, gleichgroße Gestalt, nur verschoben, unabhängig davon, ob es sich um die Töne C, E, G mit den Frequenzen 500, 625, 750 oder um G, H, D mit den Frequenzen 3000, 3750, 4500 oder um As, C, Es mit den Frequenzen 100, 125, 150 handelt.

Möglicherweise hängt dieses Hören von Frequenz*verhältnissen* mit unserer Fähigkeit zusammen, die Gestalt eines festen Körpers beim Hören des Klangs zu erkennen, den er bei mechanischer Anregung (zum Beispiel bei Beklopfen) emittiert. Die in dem Klang enthaltenen Frequenzen sind zwar bei verschieden großen Dingen verschieden, ihre Verhältnisse bleiben aber konstant, solange die Form sich nicht ändert, und sind für diese kennzeichnend.

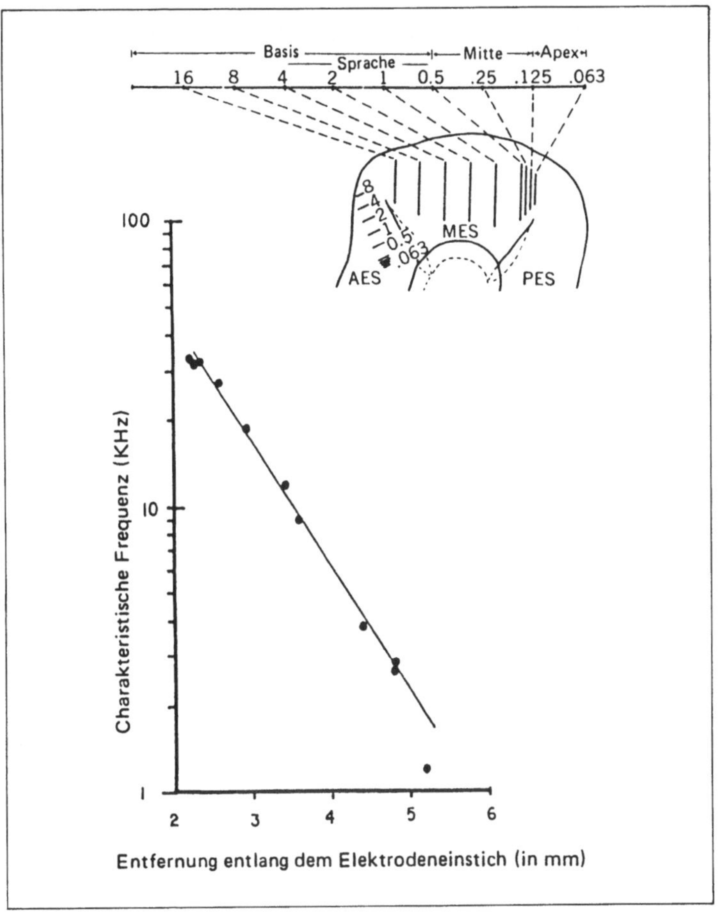

Abb. 38 Ein a priori der Musik: die logarithmische Darstellung der akustischen Frequenzen im Gehirn. Oben (aus Tunturi, 1962): Darstellung der Frequenzen in Kilohertz in der mittleren ectosylvischen Windung (MES) und noch einmal auf der vorderen ectosylvischen Windung (AES) in der Gehirnrinde des Hundes. Bei beiden Projektionen entsprechen die Abstände im Cortex ziemlich genau dem Logarithmus der Frequenzen zwischen 250 und 8000 beziehungsweise 16000 Hertz. Eine bestimmte Frequenz und die doppelte Frequenz (also zwei Frequenzen im Intervall einer Oktave) entsprechen im Cortex immer gleich weit entfernten Orten. Erst bei sehr niederen Frequenzen gilt diese Beziehung nicht mehr. Unten (aus Evans, 1968): eine ähnliche Frequenz-Ort-Abhängigkeit im nucleus-cochlearis ventralis der Katze. Auftragung des Logarithmus der Frequenz gegenüber dem Ort ergibt eine Gerade (55).

Struktur der Großhirnrinde (Wesen 11)

Wir kommen nun zu unseren mehr kognitiven Wesen Nummer 10 bis 14. Von hier an wird es zunehmend schwieriger, die Vehikel durch Verweis auf experimentelle Tatsachen aus der Gehirnphysiologie unmittelbar zu rechtfertigen. Eher besteht ein Bezug zur Psychologie: auf der einen Seite zur ernsthaften akademischen Psychologie, die sich mit tierischem Lernen und Verhalten beschäftigt, auf der anderen Seite zur introspektiven Psychologie des Denkens, in der wir ja alle Experten sind. Die Unterscheidung zwischen zweierlei Arten der Assoziation, die wir bei Wesen 11 einführten, ist nicht nur philosophisch interessant, sondern hilft uns vielleicht in der Interpretation gewisser neuroanatomischer Strukturen weiter. Um das plausibel zu machen, will ich den Leser kurz in die Struktur der Gehirnrinde einführen [56].

Die Gehirnrinde des Menschen enthält nach verschiedenen, etwas divergierenden Schätzungen in ihren beiden Hemisphären eine Zahl von Nervenzellen von der Größenordnung 10^{10}. Die meisten dieser Zellen gehören zum Typ der Pyramidenzellen, der unter anderem dadurch ausgezeichnet ist, daß das Axon die Rinde verläßt und anderswo wieder in die Rinde eintritt, um dort synaptische Verbindungen aufzunehmen. Gegenüber diesen 10^{10} internen Verbindungen des Cortex erscheint die Zahl von afferenten Fasern aus anderen Gehirnteilen relativ klein. Die Fasern, die Information von den Sinnen bringen, übersteigen insgesamt die Größenordnung 10^6 nicht, wobei der größte Teil dem visuellen Input angehört. Was sonst noch aus anderen Gehirnteilen in den Cortex einströmt, ist schwer abzuschätzen, doch mag die Zahl von Zellen im Thalamus, von wo aus der größte Teil des sogenannten aspezifischen Inputs den Cortex erreicht, als obere Grenze dienen: sie übersteigt die Größenordnung 10^8 nicht. Daraus läßt sich ableiten, daß die Mächtigkeit der internen, corticocorticalen Verbindungen der Gehirnrinde etwa 100 mal, mindestens aber 10 mal stärker ist als die der Beziehungen des Cortex zur Außenwelt. Der Cortex ist also ein Apparat, der größtenteils seinen eigenen Ausgang bearbeitet, also reflexiv funktioniert.

Diese große interne Komplexität, verglichen mit der Komplexität des Eingangs und des Ausgangs, ist für die Gehirnrinde typisch. Ihr entspricht die Tatsache, daß der Cortex beim Menschen (und wohl auch bei den anderen Säugern) das größte Stück grauer Substanz ist. Nur die Kleinhirnrinde kommt an Fläche, nicht aber an Volumen an die Großhirnrinde heran. Das Tectum opticum, bei niederen Wirbeltieren der imponierendste „Cortex", ist weit weniger komplex: Die Zahl von Neuronen im Tectum ist (beim Frosch) ungefähr dieselbe wie die Zahl der zum Tectum afferenten Fasern.

Es gibt gute Gründe, die im Cortex zahlenmäßig am stärksten vertretenen Zellen, die Pyramidenzellen, als die Grundausrüstung des corticalen Nervennetzes zu betrachten. Die große Mehrheit aller Synapsen in der Rinde haben Pyramidenzellen sowohl auf der präsynaptischen als auf der postsynaptischen Seite. Es ist nicht ganz sicher, aber sehr wahrscheinlich, daß die Verbindungen zwischen den Pyramidenzellen von der exzitatorischen Sorte sind. Die folgenden Gründe rechtfertigen diese Annahme:

1. Die Gehirnrinde (und ganz besonders der als Hippocampus bekannte Teil davon) ist das Nervengewebe, das für epileptische Anfälle am anfälligsten ist [57]. Die verschiedensten Reize können, wenn genug corticale Neurone aktiviert werden, jene explosive Synchronisation der Neuronenaktivität auslösen, die zur Ausbreitung über den ganzen Cortex neigt. Man kann das z. B. provozieren, wenn man einen elektrischen Strom durch das Hirngewebe schickt. Dadurch werden vermutlich exzitatorische wie auch inhibitorische Neurone gleichermaßen erregt. Wenn daraus ein Anfall entsteht, so bedeutet das wohl, daß die exzitatorischen Verbindungen über die inhibitorischen überwiegen. Also ist es naheliegend, die Pyramidenzellen, die ja den größten Anteil der corticalen Zellbevölkerung ausmachen, für die erregenden Synapsen verantwortlich zu machen.

2. Die Fasern der großen Balkenkommissur sind Axone von Pyramidenzellen und wirken exzitatorisch. Das weiß man daraus, daß lokalisierte Krampfaktivität auf einer Seite der Gehirnrinde über die Kommissurenfasern einen sogenannten „Spiegel-Herd" erzeugt, der später selbständig weiterkrampfen kann [58]. Daß die Balkenfasern exzitatorisch sind, weiß man

auch aus direkten elektrophysiologischen Beobachtungen [59].

3. Die Axonen der corticalen Pyramidenzellen, die weitab liegende Gebiete des Nervensystems erreichen, z. B. das Rückenmark, haben dort erregende Wirkung.

Eine Pyramidenzelle durchschnittlicher Größe (im Mäusecortex) trägt auf ihren Dendriten etwa 5000 Synapsen, über die sie erregt wird. Man kann das aus der Dendritenlänge, aus der Zahl der sogenannten dendritischen Dornen pro Längeneinheit Dendrit und aus der elektronenmikroskopischen Beobachtung, daß die meisten Synapsen auf den Dornen oder „spines" sitzen, schließen. Die Zahl der Synapsen, die vom Axon einer Pyramidenzelle gebildet werden, ist ähnlich groß. Man kann sich fragen, ob und wieviel Divergenz oder Konvergenz in dem System der Verbindungen zwischen Pyramidenzellen herrscht. Man kann die Frage so formulieren: Von wie vielen verschiedenen Neuronen stammen die 5000 afferenten Synapsen, die auf einer Pyramidenzelle zusammenkommen, und auf wie viele verschiedene Neuronen verteilt jede Zelle ihre efferenten Kontakte? Die Antwort ist: von etwa 5000 und auf etwa 5000. Man kann das aus geometrischen Überlegungen erschließen, die besonders auf die Geradlinigkeit und geringe Verzweigung der Axonkollateralen Bezug nehmen, durch die multiple Kontakte zwischen zwei Neuronen eigentlich nur in dem seltenen Fall möglich werden, in dem ein Axonstück eine Strecke weit einem Dendriten entlang verläuft [60].

Es ergibt sich dabei das Gesamtbild einer großen corticalen Mischmaschine, in der Signale von jeder Zelle zu möglichst vielen anderen Zellen geschickt werden und umgekehrt jede Zelle von möglichst vielen anderen Signale empfängt.

Die Verbindungen zwischen den Pyramidenzellen bilden zwei getrennte Fasersysteme (Abb. 39). Das A-System wird von jenen Axonen gebildet, die den Cortex verlassen, durch die weiße Substanz verlaufen und anderswo wieder in den Cortex eingehen, um dort vorwiegend in den oberen Schichten zu terminieren. Die Verbindungen, die sie bilden, sind hauptsächlich solche mit sogenannten Apikaldendriten anderer Pyramidenzellen. Das B-System besteht aus Zweigen von Pyramidenzell-Axonen, den sogenannten Axonkollateralen, die im Cortex

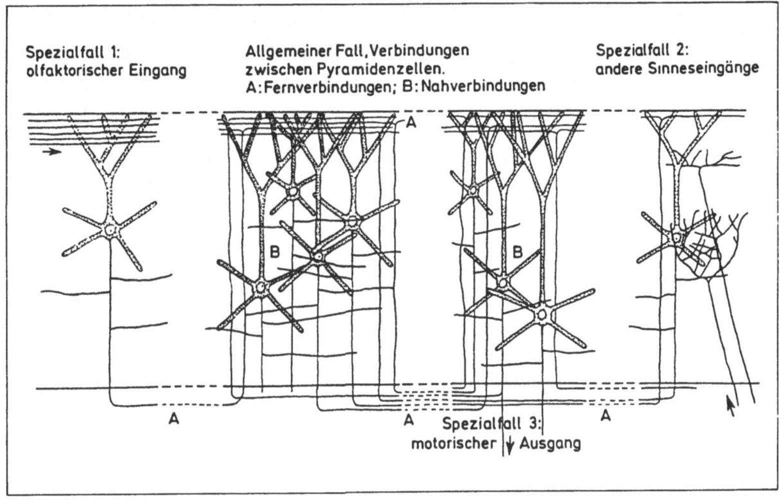

Abb. 39 Das Cortex-Skelett. Pyramidenzellen mit langen cortico-corticalen (A) und kurzen intracorticalen (B) Verbindungen. Der olfaktorische Eingang erreicht die oberen Cortexschichten (links), die anderen Sinneseingänge mittlere Schichten (rechts). Aus Braitenberg, 1978.

verbleiben und synaptische Kontakte mit dem als Basaldendriten bekannten Teil benachbarter Pyramidenzellen herstellen.

Es gibt zwar noch keinen endgültigen elektronenmikroskopischen Beweis dafür, daß die A- und B-Verzweigungen der Pyramidenzellen wiederum Pyramidenzellen als synaptische Partner haben, aber die Annahme ist aufgrund von quantitativen Argumenten zwingend. Die große Mehrheit der postsynaptischen Elemente, also der Synapsenempfänger im Cortex, besteht aus den dendritischen Dornen von Pyramidenzellen. Die Mehrheit der axonalen Synapsenbestandteile stammt ebenfalls von Pyramidenzellen. So muß also die Mehrheit der afferenten Kontakte einer Pyramidenzelle von anderen Pyramidenzellen kommen und die Mehrheit ihrer efferenten Kontakte auch solche betreffen.

Die grundlegende Vorstellung über die Rolle der Pyramidenzellen im Cortex fußt im wesentlichen auf indirekrer Evidenz. Die Annahme ist diese: Wenn unter den Fasern, die ein Neuron erreichen, einige sind, die oft gleichzeitig aktiv werden, so werden die Synapsen zwischen diesen und dem Neuron verstärkt. Ich habe in der kurzen Abhandlung über das Gedächtnis bereits die Beobachtungen erwähnt, die dieser Annahme zugrunde liegen. Die Projektion einander entsprechender Punkte des rechten und linken Gesichtsfeldes auf die Sehrinde geschieht über einen Lernvorgang. Dabei werden zwei Fasern, eine von rechts und eine von links, mit demselben corticalen Neuron verbunden, vermutlich einer Pyramidenzelle, die offenbar imstande ist, die beiden zusammengehörigen Fasern aufgrund ihrer ähnlichen Aktivitätsmuster zu erkennen (Abb. 31) [6]. Rauschecker und Singer [62] haben gezeigt, daß die Regel, nach der das geschieht, von der Art ist, wie sie Hebb postuliert hatte.

Wir nehmen an, daß jede Pyramidenzelle imstande ist, korrelierte Aktivität zwischen den sie berührenden Fasern, unabhängig von der Lage der Kontakte auf dem Dendritenbaum, zu entdecken. Im allgemeinen werden bei diesem Lernvorgang die Fasern, deren Synapsen verstärkt werden, teils Kontakte mit dem Apikaldendritenbaum, teils mit den Basaldendriten haben. Wegen der Beziehungen der Apikaldendriten zu entfernten Neuronen (A-System) und der Basaldendriten zu benachbarten Neuronen (B-System) wird bei jedem elementaren Lernvorgang in einer Pyramidenzelle Information über den Zustand des Gesamtcortex zusammengebracht mit Information, die aus der unmittelbaren Umgebung stammt.

Das kann man weiter deuten. Die Dinge unserer Erfahrung, die „Terme" der Darstellung der Welt im Gehirn, bestehen aus verschiedenen Sinnesqualitäten und werden daher von den Apikaldendriten der Pyramidenzellen als bestimmte Aktivitätsmuster in den cortico-corticalen Afferenten entdeckt. Im Gegensatz dazu drücken sich die dynamischen Regeln der Entwicklung und Veränderungen solcher Terme eher innerhalb einzelner Sinnesqualitäten aus. Man kann daher vermuten, daß diese Information eher im Inneren jedes einzelnen corticalen Feldes zu gewinnen ist. Es würde dann dem Basaldendriten zukommen, diese Gesetzmäßigkeiten in der Aktivität der afferenten Fasern zu entdecken, die sie von benachbarten Zellen derselben Area (= corticales Feld) empfangen. Demnach würde die Unterscheidung zweier Anteile des Dendritenbaumes von Pyramidenzellen der logischen Unterscheidung von Termen und

Relationen entsprechen. Der einheitliche Lernschritt, von
dem wir annehmen, daß er den gesamten Dendritenbaum
betrifft, umfaßt also zugleich das Lernen von Termen und das
Lernen ihrer Beziehungen und impliziert, daß beide sich gegenseitig bedingen. Hier liegt der Ursprung der Idee, die Wesen 11
sehr viel klüger machte als seine Vorgänger.

Wenn wir den Pyramidenzellen die Aufgabe zuweisen,
Konstellationen von oft gemeinsam aktiven Fasern zusammenzufassen, so können wir daraus auch eine Rolle für die in das
System der Pyramidenzellen eingestreuten, sehr wahrscheinlich
hemmenden „Sternzellen" ableiten. Viele von ihnen liegen in
der vierten corticalen Schicht, wo der Sinneseingang auf die
Pyramidenzellen trifft, und ganz besonders dicht in den primären Sinnesarealen. So wenigstens liest man es in vielen Beschrei-
bungen der corticalen Architektonik, wenn auch exakte Auszäh-
lungen noch ausstehen. Wir wollen annehmen, daß eine Pyramidenzelle nur solche Ensembles von Fasern erkennen kann (und
nur mit solchen ihre Synapsen verstärken kann), die oft zur
gleichen Zeit aktiv sind. Sie kann nicht Aktivitätsmuster erkennen, die dadurch ausgezeichnet sind, daß bestimmte Fasern
aktiv sind und bestimmte andere inaktiv. In einem solchen
Falle, wenn sie Konjunktionen von positiven und negativen
Termen lernen sollte, müßte der Lernmechanismus innerhalb
des Neurons wesentlich komplizierter sein, als wenn es nur um
Konjunktionen von positiven Termen geht. Und doch bestehen
die meisten Begriffe, die wir so lernen, sowohl aus negierten als
aus nicht negierten Qualitäten: Der Mensch ist ein federloser
Zweifüßler, ein Ring ist eine Scheibe aus einem bestimmten
Material, wobei dieses Material im zentralen Bereich fehlt, usw.

Über diese Schwierigkeit kommt man am besten hinweg,
wenn man annimmt, daß jede afferente Faser nicht nur einige
Pyramidenzellen direkt über erregende Synapsen beeinflußt,
sondern auch andere über zwischengeschaltete hemmende
Interneurone. Auf diese Weise hat der corticale Lernmechanismus sowohl eine Menge von Pyramidenzellen zur Verfügung,
die die Aktivität des entsprechenden Eingangs signalisiert, als
auch eine andere Menge, die dessen Inaktivität signalisiert. Dadurch kann der Lernmechanismus auf die Detektion von gleichzeitig aktiven Neuronen der beiden Mengen beschränkt bleiben

und so die Konjunktion von negativen und positiven Termen gleich gut lernen wie die Konjunktion von bloß positiven Termen.

Ich habe vor kurzem ein Modell der orientierungs- und richtungsselektiven Strichdetektoren in der Sehrinde vorgeschlagen, bei dem die Rolle der Umschaltung des Eingangs von positiv auf negativ besonderen, in Area 17 lokalisierten, inhibitorischen Neuronen zufällt [63]. Möglicherweise ist das nur ein Beispiel für ein allgemeines Funktionsprinzip des Cortex.

Neuronenverbände als Träger von Ideen (Wesen 7, 10)

Die Wesen von Typ 10 bis 14 verarbeiten Ideen, die in ihrem Inneren als Statthalter von Dingen und Situationen der Außenwelt dienen. Diese Ideen sind in den Vehikel-Gehirnen als Gruppen von aktiven Elementen enthalten, die durch gegenseitige erregende Verbindungen irgendwie zusammengehalten werden. Es drängt sich die Frage auf: Wieso sind denn die Repräsentanten von Dingen im Gehirn nicht einzelne Elemente oder vielleicht ganz abstrakt irgendwelche Muster von erregten Elementen, die nicht an die Bedingung gebunden sind, daß sie sich durch gegenseitige Erregung in ihrer Aktivität stützen? Sie haben die Antwort schon erraten: Wir haben dieses Bild gewählt, weil die Vehikel Karikaturen wirklicher Tiergehirne darstellen und weil es zur Zeit wieder modern ist, Gruppen von miteinander verbundenen Neuronen, die sogenannten Cell assemblies [64] oder Neuronenverbände, als Träger von einzelnen Bedeutungsstücken anzusehen, oder, wenn man so will, als die Morpheme der inneren Sprache des Gehirns.

Es ist wichtig, sich klarzumachen, daß diese Vorstellung nicht etwa logisch zwingend aus dem hervorgeht, was man aus der Gehirnforschung weiß. Nehmen wir an, es sei wichtig, die Dinge der Außenwelt im Gehirn auf eine solche Weise darzustellen, daß jede genügend große Untermenge der Details, die ein Ding charakterisieren, imstande ist, das Bild des Dings in seiner Gesamtheit im Gehirn wachzurufen. Das ist in der Tat ein nütz-

liches Prinzip, wenn man nämlich annimmt, daß die Redundanz
dieser Welt hauptsächlich auf der Anwesenheit von Dingen
beruht, wobei man unter „Ding" jeweils ein Bündel von Einzelheiten versteht, von denen jede, wenn sie auftritt, die Wahrscheinlichkeit des Auftretens der übrigen erhöht.*) Das assoziative Prinzip führt zu einer sparsamen Codierung der Welt im
Gehirn.

Wenn das wahr ist, so ist eine „Hebbsche Assembly" aller
Neuronen, die jeweils eine der Einzelheiten repräsentieren, die
das Ding ausmachen, in der Tat ein gutes Codewort für das
Ding, da die exzitatorischen Verbindungen im Inneren des
Neuronenverbandes die bedingten Wahrscheinlichkeiten darstellen, die definitionsgemäß das Ding ausmachen. Nur muß
man sich klarmachen, daß die konkurrierende Vorstellung damit
noch nicht aus der Welt geschafft ist. Ein einzelnes Neuron, das
synaptisch von einer Menge von Afferenten erregt wird, welche
die Einzelheiten charakterisieren, stellt ein ebenso gutes Codewort dar und zwar aus genau denselben Gründen. Wenn die
Schwelle dieses Neurons auf irgendeinen Wert zwischen „alle
Afferenten aktiv" und „bloß eine Afferente aktiv" eingestellt
ist, wird auch ein solches Neuron auf Teilmengen der Details
ansprechen, die das Ding ausmachen, wobei die Größe der
Teilmenge von der Höhe der Schwelle abhängt.

Doch gibt es gute Gründe, warum wir heutzutage wieder
gern von den Hebbschen Neuronenverbänden reden, die lange
ganz aus der Mode gekommen waren. Die Neuronenverbände
haben in letzter Zeit von zwei Seiten her neue Unterstützung
bekommen. Erstens hat eine Unzahl von Ableitungen der
Neuronenaktivität einzelner Neurone in Sinnessystemen gezeigt,
daß diese Neuronen auf keine sehr komplizierten oder ganz
einzigartigen Sinnesreize ansprechen. Bei corticalen Neuronen
bestehen die wirksamsten Reize aus ziemlich elementaren
Konfigurationen im Sinnesraum, wie z. B. sich bewegende

*) Wer mit Begriffen wie Kanalkapazität, Redundanz und bedingter
   Wahrscheinlichkeit nicht vertraut ist, sollte Informationstheorie lesen,
   und zwar mehr, als ich in einer Fußnote unterbringen kann. Es gibt
   viele einführende Texte, wobei einer der besten immer noch Shannon
   und Weaver's „Mathematical Theory of Communication" (1949) ist.

Striche in einem bestimmten Gebiet des Sehfeldes [65] oder wechselnde akustische Frequenzen in Teilen des hörbaren Frequenzbereichs [66]. Solch einfache Reizkonfigurationen, auf englisch oft „features" genannt, sind wohl kaum unabhängige Bedeutungsträger, sondern verhalten sich zu den bedeutungsvollen Ereignissen der Umwelt auf dieselbe Weise wie die Phoneme der Linguistik sich zu Worten oder Sätzen verhalten. Es ist anzunehmen, daß das gesamte bedeutungsvolle Ereignis im Gehirn durch eine Menge von Neuronen angezeigt wird, von denen jedes nur einen Teilaspekt des Dings signalisiert, den das Ding unter Umständen mit vielen anderen Dingen gemeinsam hat.

Die zweite Erfahrung aus der Neurophysiologie, die das Hebbsche Konzept der Cell assemblies stützt, stammt aus Untersuchungen über das Lernen. Ein wichtiger Punkt in Hebbs Theorie war der, daß die Neuronenverbände, die im Gehirn Dinge darstellen, durch exzitatorische Verbindungen zusammengehalten werden und daß diese Verbindungen erfahrungsbedingt sind, also auf einen Lernprozeß zurückgehen. Die einfachste Annahme, die man für diese Art von Lernen machen kann, ist die, daß statistische Korrelationen, wie z. B. das häufig gleichzeitige Auftreten von gewissen elementaren Merkmalen im Sinneseingang, in synaptischen Verbindungen zwischen den entsprechenden Neuronen abgebildet werden. Wir haben bereits gesehen, wie gewisse Beobachtungen über die Veränderlichkeit der Verbindungen einzelner Neurone im Cortex tatsächlich am besten erklärt werden können, wenn man einen solchen Mechanismus annimmt [67].

Auch die Anatomie der Großhirnrinde in der Version, die ich vorher skizziert habe, läßt sich gut mit der Theorie der Neuronenverbände in Zusammenhang bringen [68]. Um recht viele Neuronenverbände im Laufe des Lernens aufbauen zu können, brauchen wir sehr viele Neuronen. Die Großhirnrinde enthält tatsächlich etwa so viele Neuronen wie das ganze übrige Gehirn. Beim Nervennetz, das dem Aufbau von Hebbschen Cell assemblies dienen soll, erwarten wir ein Netz von sehr reichen gegenseitigen Verbindungen mit einer großen Divergenz der Signale von jedem Neuron zur größtmöglichen Zahl anderer Neuronen, und wir haben bereits gesehen, daß die Pyramidenzellen im Cortex ihr Möglichstes tun, um diese Bedingung zu erfüllen. Die Divergenz (und entsprechende Konvergenz) ist nötig, um von vornherein jedem Neuron eine möglichst große Auswahl von Partnern für die Entwicklung von Cell assemblies zur Verfügung zu stellen. Auch ist es klar, daß ein zum Aufbau von Cell assemblies dienendes Nervennetz sehr viel erregende Synapsen enthalten müßte, da die Neuronenverbände ja durch solche Synapsen zusammengehalten werden. In der Tat sind mindestens 4/5 der Synapsen im Cortex vom sogenannten Typ I, d. h. vermutlich exzitatorisch [69].

Schwellenregelung und Gedankenpumpe (Wesen 12, 13, 14)

Die Schwellenregelung wird beim Wesen 12 eingeführt und gibt ihm ganz besondere Eigenschaften. Bei Tiergehirnen gibt es nur indirekte Hinweise auf einen solchen Mechanismus, aber man kann sich kaum vorstellen, wie sie ohne ihn funktionieren sollten, besonders die Säugetiergehirne mit ihrer riesigen Ansammlung von Neuronen in der Gehirnrinde, die über eine positive Rückkopplung miteinander verbunden sind. Dies wäre ohne eine besondere Regelung der gesamten Aktivität eine höchst explosive Situation. Die Schwellenregelung ist vielleicht mehr als ein notwendiges Übel. Wir haben bereits gesehen, wie sie einen sonst allzu starren Mechanismus von Neuronenverbänden und Assoziationen mit einer interessanten Dynamik versieht.

Ich habe einmal gezeigt, daß die Dynamik der Schwellenregelung etwas Ähnliches wie Denken erzeugen kann [70], und Palm [71] hat die in diesem Prinzip liegenden Möglichkeiten weiter ausgeführt. Daß die Verkettung der Zustände, die durch die Schwellenregelung bewirkt wird, chaotisch [72] sein kann und damit unvorhersehbar, mag der Leser als eine Erklärung der Freiheit der Gedanken akzeptieren oder auch nicht.

Am Eingang zur Schwellenregelung brauchen wir einen Mechanismus, der das explosive Zünden von Neuronenverbänden rasch entdeckt. Ein Neuronenverband kann Neurone enthalten, die über weite Bereiche der Gehirnrinde verstreut liegen. Dieser Mechanismus sollte daher Eingänge vom gesamten Cortex erhalten. Es gibt ein Stück grauer Substanz, den Nucleus caudatus, der den Cortex jeder Hemisphäre in seiner ganzen Ausdehnung begleitet, und es ist bekannt, daß er überall eine geordnete Faserprojektion vom Cortex erhält [73].

Kürzlich haben Wilson, Hull und Buchwald [74] nachgewiesen, daß sich Signale aus verschiedenen Teilen der Gehirnrinde rasch und effektiv durch den ganzen Nucleus caudatus ausbreiten, was gut im Einklang steht mit der Idee dieses Kerns als dem Detektor der Gesamtaktivität des Cortex. Ich stelle mir vor (und bin dabei nicht der einzige), daß der Striatum-Nucleus caudatus-Komplex einen wesentlichen Teil des Mechanismus der corticalen Schwellenregelung darstellt, vermutlich über das Paläostriatum und den Thalamus.

In den letzten beiden Vehikeln wird ein Vorhersagemechanismus aufgebaut, in dem Gedanken zum Ausdruck kommen, die man bei den Psychologen schon oft gelesen hat. Ich weiß nicht, ob die Idee der optimistischen Vorhersage eine originelle Idee von mir ist [75], ich vermute, sie ist anderen auch gekommen. Mir scheint, sie reicht aus, um zweckgerichtetes Verhalten weitgehend seiner mystischen Aspekte zu entkleiden.

Literaturverzeichnis

[1] Ramón y Cajal, S. (1898): Estructura del kiasma óptico y teoría general de los entrecruzamientos de las vias nerviosas. *Rev. trimest. micrograf.* LLL, zitiert in Cajal 1911.

[2] Gaze, R. M. (1958): The representation of the retine on the optic lobe of the frog. *Quart. J. exp. Physiol.* **43**, 209–214.

[3] Braitenberg, V. (1967): Patterns of projection in the visual system of the fly. I. Retina-Lamina projections. *Exp. Brain Res.* **3**, 271–298.

[4] Autrum, H. J. und I. Wiedemann (1962): Versuche über den Strahlengang im Insektenauge (Appositionsauge). *Z. Naturforsch.* **17**, 480–482.
Kirschfeld, K. (1967): Die Projektion der optischen Umwelt auf das Raster der Rhabdomere im Komplexauge von Musca. *Exp. Brain Res.* **3**, 248–270.

[5] Vigier, P. (1907): Mécanisme de la synthèse des impressions lumineuses recueillies par les yeux composés des diptères. *C.R.Acad. Sci. Paris*, 122–124.

[6] Horridge, G. A. und Meinertzhagen, I. A. (1970): The accuracy of the patterns of connexions of the first- and second-order neurons of the visual system of Calliphora. *Proc. Roy. Soc. B*, **175**, 69–82.

[7] Braitenberg, V. (1965): Taxis, Kinesis and Decussation. *Progress in Brain Res.* **17**, 210–222.
Braitenberg, V. (1968): On Chiasms. In: *Neural Networks*, E. R. Caianiello (ed.), Springer-Verlag, Berlin–Heidelberg–New York, 34–42.

[8] Fraenkel, G. S. und D. L. Gunn (1961): *The Orientation of Animals. Kineses, Taxes and Compass Reactions.* Dover Publications, New York.

[9] Loeb, J. (1980): *Der Heliotropismus der Tiere und seine Übereinstimmung mit dem Heliotropismus der Pflanzen.* Würzburg.

[10] Roessler, O. E. (1981): An Artificial Cognitive-plus-Motivational System. *Progr. Theor. Biol.* **6**, 147–160.
Koshland, D. E. (1980): *Bacterial Chemotaxis as Model Behavioral System.* Raven Press, New York.

[11] Fermi, G. und W. Reichardt (1963): Optomotorische Reaktion der Fliege Musca domestica. Abhängigkeit von der Reaktion der Wellenlänge, der Geschwindigkeit, dem Kontrast und der mittleren Leuchtdichte bewegter periodischer Muster. *Kybernetik* 2, 15–28.

[12] Reichardt, W. (1969): *The Insect Eye as a Model for Analysis of Uptake, Transduction and Processing of Optical Data in the Nervous System.* 34. Physikertagung Salzburg. Teubner, Stuttgart.

[13] Fraenkel, G. S. und D. L. Gunn (1961): see [8].
Mast, S. O. (1923): Photic orientation in insects, with special reference to the drone-fly, Eristalis tenax, and the robber-fly, Erax rufibarbis. *J. Exp. Zool.* **38**, 109–205.

[14] Ewert, J.-P. (1980): *Neuroethology. An introduction to the neurophysiological fundamentals of behaviour.* Springer-Verlag, Berlin–Heidelberg– New York.

[15] McCulloch, W. S. und W. H. Pitts (1943): A logical calculus of ideas immanent in nervous activity. *Bull. Math. Biophys.* **5**, 115–133.

[16] Creed, R. S., D. Denny-Brown, J. Eccles, E. G. T. Liddell und C. S. Sherrington (1932): *Reflex activity of the spinal cord.* Clarendon Press, Oxford.

[17] Eccles, J. C. (1964): *The Physiology of Synapses.* Springer-Verlag, Berlin–Göttingen–Heidelberg–New York.

[18] Kleene, S. C. (1956): Representation of Events in Nerve Nets and Finite Automata. In: *Automata Studies*, C. E. Shannon and J. McCarthy (eds.), Princeton University Press, Princeton.
Arbib, M. A. (1964): *Brains, machines and mathematics.* McGraw-Hill, New York.

[19] Neumann, J. v. (1956): Probabilistic Logics and the Synthesis of Reliable Organisms from Unreliable Components. In: *Automata Studies*, C. E. Shannon and J. McCarthy (eds.), Princeton University Press, Princeton.

[20] Turing, A. M. (1936): On Computable Numbers, with an Application of the Entscheidungsproblem. In: *Proc. London Math. Society*, Ser. 2, Vol. **42**, 230–265.
idem, (1937): Vol. **42**, 534–546.
Minsky, M. L. (1967): *Computation: Finite and Infinite Machines.* Prentice Hall, Englewood Cliffs.
Sampson, J. R. (1976): *Adaptive Information Processing. An Introduction Survey.* Springer-Verlag, New York–Heidelberg–Berlin.

[21] Dawkins, R. (1976): *The selfish gene.* Oxford University Press, Oxford.

[22] Darwin, Ch. (1859): *The origin of species.* Mentor paperback 1958.
Fisher, R. A. (1958): *The Genetical Theory of Natural Selection.* Dover Publication, New York.
Mayr, E. (1970): *Population, Species, and Evolution.* Harvard University Press, Cambridge, Mass.

[23] Uttley, A. M. (1956): Conditional Probability Machines and Conditioned Reflexes. In: *Automata Studies*, C. E. Shannon and J. McCarthy (eds.). Princeton University Press, Princeton.

[24] Steinbuch, K. (1969): Die Lernmatrix. *Kybernetik* **1**, 36–45.

[25] Hebb, D. O. (1949): *Organization of Behavior.* Wiley & Son, New York.

[26] Sutton, R. S. und A. G. Barto (1981): Toward a Modern Theory of Adaptive Networks: Expectation and Prediction. *Psychol. Rev.* **88**, S. 135.

[27] Hubel, D. H. und T. N. Wiesel (1965): Binocular interaction in striate cortex of kittens reared with artificial squint. *J. Neurophysiol.* **28**, 1041–1059.
Wiesel, T. N. und D. H. Hubel (1965): Comparison of the effects of unilateral and bilateral eye closure on cortical unit responses in kitten. *J. Neurophysiol.* **28**, 1029–1040.

[28] Baer, A. (1905): Über gleichzeitige elektrische Reizung zweier Großhirnstellen am ungehemmten Hunde. *Pflüger's Arch. Ges. Physiol.* **106**, 523–567.
Loucks, R. B. (1933): Preliminary report of a technique for stimulation or destruction of tissues beneath the integument and the establishing of conditioned reactions with faradization of the cerebral cortex. *J. Comp. Psychol.* **16**, 439–444.

[29] Bennett, F. L., M. C. Diamond, D. Krech und M. R. Rosenzweig (1964): Chemical and anatomical plasticity of brain. *Science* **146**, 610–619.
Diamond, M. C., D. Krech und M. R. Rosenzweig (1964): The effects of an enriched environment on the histology of the rat cerebral cortex. *J. Comp. Neur.* **123**, 111–120.
Walsh, R. N., O. E. Budtz-Olsen, L. E. Penny und R. A. Cummins (1969): The effects of environmental complexity on the histology of the rat hippocampus. *J. Comp. Neur.* **137**, 361–366.
Szeligo, F. und C. P. Leblond (1977): Response of the three main types of glial cells of cortex and corpus callosum in rats handled during suckling exposed to enriched, control and impoverished environments following weaning. *J. Comp. Neur.* **172**, 247–264.

[30] Schüz, A. (1978): Some facts and hypotheses concerning dentritic spines and learning. In: *Architectonics of the cerebral cortex*, M. A. B. Brazier and H. Petsche (eds.), S. 129. Raven Press, New York.
Schüz, A. (1981): Reifung und postnatale Veränderungen im Cortex des Meerschweinchens: Mikroskopische Auswertung eines Deprivationsexperimentes. I. Pränatale Entwicklung. *J. Hirnforsch.* **22**.

[31] Schüz, A. (1981): Pränatale Reifung und postnatale Veränderungen im Cortex des Meerschweinchens: Auswertung eines natürlichen Deprivationsexperimentes. II. Postnatale Veränderungen. *J. Hirnforsch.* **22**.

[32] Siehe zum Beispiel die eindrucksvolle Zusammenstellung der Sehfelder in den Arbeiten von Tusa, Palmer und Rosenquist, Van Essen, Maunsell und Bixby, von Allmann, Baker, Newsome und Petersen und von Gros, Bruce, Desimone, Fleming und Gattas in dem Band *Cortical Sensory Organization*, Vol. 2: Multiple Visual Areas., Clinton N. Woolsey (ed.). Humana Press, Clifton, New Jersey, 1981.

[33] Minsky, M. (1975): *Information Processing*. MIT Press, Cambridge, Mass.

[34] Lieblich, I. und M. A. Arbib (1982): Multiple representations of space underlying behavior. *The Behavioral and Brain Sciences* 5, 627–659.

[35] Barlow, H. B., R. M. Hill und W. R. Levick (1964): Retinal ganglion cells responding selectivity to directions and speed of image motion in the rabbit. *J. Physiol.* 173, 377–407.

[36] Hassenstein, B. und W. Reichardt (1956): Systemtheoretische Analyse der Zeit, Rüsselkäfers Chlorophanus. *Z. f. Naturforsch.* 11 b, 513–524.
Hassenstein, B. (1958): Über die Wahrnehmung der Bewegung von Figuren und regelmäßigen Helligkeitsmustern. *Zeitschrift f. vergl. Physiol.* 40, 556–592.
Reichardt, W. und D. Varju (1959): Übertragungseigenschaften im Auswertesystem für das Bewegungssehen. *Z. f. Naturforschung*, 14b (10), 674–689.

[37] Fermi, G. und W. Reichardt (1963): Optomotorische Reaktion der Fliege Musca domestica, Abhängigkeit der Reaktion von der Wellenlänge der Geschwindigkeit, dem Kontrast und der mittleren Leuchtdichte bewegter periodischer Muster, *Kybernetik*, 2, 15–28.
Reichardt, W. und T. Poggio (1976): Visual Control of Orientation Behaviour in the Fly. Part I. A Quantitative Analysis. *Quart. Rev. Biophysics* 3, 311–375.
Poggio, T. und W. Reichardt (1976): Visual Control of Orientation Behaviour in the Fly. Part II. Towards the Underlying Neural Interaction. *Quart. Rev. Biophysics* 9, 3, 377–438.

[38] Braitenberg, V. (1973): *On the Texture of Brains*. Springer-Verlag, New York–Heidelberg–Berlin.

[39] Mach, zitiert in F. Ratliff (1965): *Mach bands*. Holden Day, San Francisco.

[40] Bekesy, G. v. (1960): *Experiments in Hearing*. McGraw Hill, New York.

[41] Hartline, H. K. und F. Ratliff (1957): Inhibitory interaction of receptor units in the eye of Limulus. *J. gen. Physiol.* 40, 357–367.

[42] Reichardt, W. (1961): Über das optische Auflösungsvermögen von „Limulus". *Kybernetik* 1, 59–69.
Varju, D. (1965): On the theory of lateral inhibition. In: *Cybernetics of Neural Processes*, E. R. Caianiello (ed.), C. N. R., Rom.

[43] Szentagothai, J. (1967): In: Eccles, Ito und Szentagothai, *The cerebellum as a Neuronal Machine*. Springer-Verlag, Berlin–Heidelberg–New York.

[44] Beurle, R. L. (1956): Properties of a mass of cells capable of regenerating pulses. *Proc. R. Soc. Lond. Ser. B.*, 240, S. 55.
Wilson, H. R. und J. D. Cowan (1973): A mathematical theory of the functional dynamics of cortical and thalamic nervous tissue. *Kybernetik* 13, S. 35.

[45] Hubel, D. H. und T. N. Wiesel (1972): Laminar and columnar distribution of geniculo-cortical fibers in the macaque monkey. *J. comp. Neurol.* **146**, 421–450.

[46] Köhler, W. (1933): *Psychologische Probleme*. Springer-Verlag, Berlin.
Wertheimer, M. (1923): Untersuchungen zur Lehre von der Gestalt. *Psychol. Forsch.* **4**.
Petermann, B. (1929): *Die Wertheimer-Koffka-Köhlersche Gestalttheorie und das Gestaltproblem*. Leipzig.
Neuere Entwicklungen sind nachzulesen bei Gibson, J. J. (1950): *The perception of the visual world*. Mifflin Co., Boston.
Julesz, B. (1971): *Foundation of Cyclopean perception*. The University of Chicago Press, Chicago und London.
Metzger, W. (1975): *Gesetze des Sehens*. Verlag Waldemar Kramer, Frankfurt; und in einer Reihe von Beiträgen der Italienischen Schule: G. Kanizsa, F. Metelli, G. Vicario, P. Bozzi. In: *Revista di Psicologia* und *Giornale Italiano di Psicologia*.

[47] Minsky, M. und S. Papert (1969): *Perceptrons*. MIT Press, Cambridge/Mass.
Braddick, O. J. und A. C. Sleigh (1983): *Physical and Biological Processing of Images*. Springer-Verlag, Berlin–Heidelberg–New York.

[48] Braitenberg, V. (1983): In search of morphemes in the brain. *Giornale Italiano di Psicologia*, 521–540.

[49] Beim Treffen der Neuroscience Society, Brighton (1980).

[50] Kanizsa, G. (1974): Contours without gradients or cognitive contours. *Giornale Italiano di Psicologica* **1**.
Brunswik, E. (1935): *Experimentelle Psychologie in Demonstrationen*. Berlin und Wien.
Kennedy, J. M. (1974): *A psychology of picture perception*. Jossey-Bass.

[51] Lieblich, I. und M. Arbib (1982): Siehe Anmerkung 34.

[52] Barlow, H. B. und B. C. Reeves (1978): The Versality and Absolute Efficiency of Detecting Mirror Symmetry in Random Dot Displays. *Vision Res.* **19**, 783–793.

[53] Scheffers, G. (1911): *Lehrbuch der Mathematik*, 2. Aufl. Veit & Co., Leipzig.

[54] Hubel, D. H. und T. N. Wiesel (1959): Receptive fields of single neurones in the cat's striate cortex. *J. Physiol. (Lond.)* **148**, 574–591.
Hubel, D. H. und T. N. Wiesel (1977): Functional architecture of macaque monkey visual cortex. Ferrier Lecture. *Proc. R. Soc. Lond. Ser. B.* **198**, 1–59.

[55] Tunturi, A. R. (1962): Frequency arrangement in anterior ectosylvian auditory cortex of dog. *Am. J. Physiol.* **203**, S. 185.
Evans, E. F. (1968): Upper and Lower Levels of the Auditory System: A Contrast of Structure and Function. In: *Neural Networks*, E. R. Caianiello (ed.), Springer-Verlag, Berlin–Heidelberg–New York.

[56] Braitenberg, V. (1978): Cortical architectonics: General and areal. In: *Architectonics of the Cerebral Cortex*, M. A. B. Brazier und H. Petsche (eds.), Raven Press, New York, 443–465.
Braitenberg, V. (1978): Cell Assemblies in the Cerebral Cortex. In: *Lecture Notes in Biomathematics*, Vol. 21, R. Heim und G. Palm (eds.), Springer-Verlag, 171–188.

[57] Jasper, H. H. (1969): Mechanisms of propagation: Extracellular Studies. In: *Brain Mechanisms of the Epilepsies*, H. H. Jasper, A. A. Ward und A. Pope (eds.). Little, Brown and Company, Boston.

[58] Morell, F. (1961): Lasting changes in synaptic organization produced by continuous neuronal bombardment. In: *CIOMS Symposium on Brain Mechanisms and Learning*, A. Fessard (ed.), Blackwell, London, 375–392.

[59] Renaud, P. Gloor von (1972): zitiert in: *Synchronization of EEG activity in epilepsies*, H. Petsche und M. A. B. Brazier (eds.), Springer-Verlag, Wien–New York.

[60] Braitenberg, V. (1978): Cell assemblies ... Siehe Anmerkung 56.

[61] Hubel, D. H. und T. N. Wiesel (1965): Binocular interactions ... Siehe Anmerkung 27.
Wiesel, T. N. und Hubel, D. H. (1965): Comparison of ... Siehe Anmerkung 27.

[62] Rauschecker, J. P. und W. Singer (1981): The effects of early visual experience on the cat's visual cortex and their possible explanation by Hebb synapses. *J. Physiol.* 310, 215–239.

[63] Braitenberg, V. (1983): Explanation of orientation columns in terms of a homogeneous network of neurons in the visual cortex. *Neuroscience Abstracts* 9, S. 474.
Braitenberg, V. (1985): Charting the Visual Cortex. In: *Cerebral Cortex*, A. Peters und E. G. Jones (eds.), Plenum, New York, 379–414.

[64] Hebb, D. O. (1949): *The organization of behavior*. John Wiley & Son, New York.

[65] Hubel, D. H. und T. N. Wiesel (1959): Receptive fields of single neurones in the cat's striate cortex. *J. Physiol. (Lond.)* 148, 574–591.

[66] Evans, E. F. (1968): Upper and lower levels of the auditory system: A contrast of structure and function. In: *Neural Networks*, E. R. Caianiello (ed.), Springer-Verlag, Berlin–Heidelberg–New York.
Aertsen, A. M. H. J. und P. I. M. Johannesma (1981): The spectro-temporal receptive field. A functional characteristic of auditory neurons. *Biol. Cybern.* 42, 133–143.

[67] Hubel, D. H. und T. N. Wiesel (1965): Siehe Anmerkung 27.
Wiesel, T. N. und D. H. Hubel (1965): Siehe Anmerkung 27.
Blackmore, C. und G. F. Cooper (1971): Modification of the visual cortex by experience. *Brain Res.* 31, S. 366.
Hirsch, H. V. B. und D. N. Spinelli (1971): Modification of the distribution of receptive field orientation in cats by selective visual exposure during development. *Exp. Brain Res.* 13, 1–43.

[68] Braitenberg, V. (1978): Cell assemblies ... Siehe Anmerkung 56.

[69] Wolff, J. R. (1976): Quantitative analysis of topography and development of synapses in the visual cortex. *Exp. Brain Res.*, Suppl. 1, 259–263.
Uchizono, K. (1966): Characteristics of excitatory and inhibitory synapses in the central nervous system of the cat. *Nature* **207**, S. 642.

[70] Braitenberg, V. (1978): Cell assemblies ... Siehe Anmerkung 56.
Braitenberg, V. (1977): *On the texture of brains*. Neuroanatomy for the cybernetically minded. Springer-Verlag, Berlin–Heidelberg–New York.

[71] Palm, G. (1982): *Neural Assemblies*. An alternative approach to artificial intelligence. Springer-Verlag, Berlin–Heidelberg–New York.

[72] Myrberg, P. J. (1958): Iteration der reellen Polynome 2ten Grades. I. *Am. Acad. Sci. Fenn.* **251 A**, 1–10.

[73] Webster, K. E. (1965): The cortical-striatal projection in the cat. *J. Anat.* **99**, 329–335.
Dray, A. (1980): The physiology and pharmacology of mammalian basal ganglia. *Progr. Neurobiol.* **14**, 221–335.

[74] Wilson, J. S., C. D. Hull und N. A. Buchwald (1983): Intracellular studies of the convergence of sensory input on caudate neurons of cat. *Brian Res.* **270**, 197–208.

[75] Braitenberg, V. (1973): *Gehirngespinste*. Neuroanatomie für kybernetisch Interessierte. Springer-Verlag, Berlin–Heidelberg–New York.